啟功
口述歷史

啟功 ——— 口述

趙仁珪　章景懷 —— 整理

開明書店

▲ 啟功晚年像

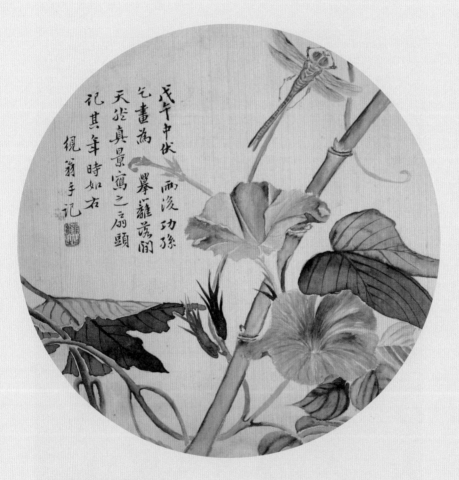

戊午中伏而後功孫乞畫為攀籬疏間天然真景寫之扇頭記其年時如右硯翁手記

▲ 啟功的祖父毓隆為他畫題的團扇

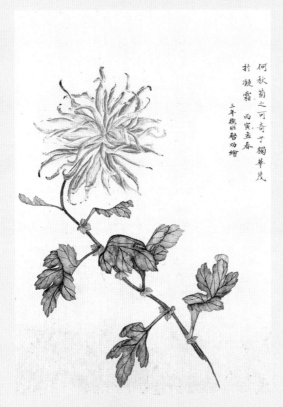

何秋菊之可奇芽獨華茂
於凝霜
丙寅孟春
三年慈班啟功繪

▲ 啟功十四歲時的繪畫作品

▲ 啟功保存的佛像餅

▲ 賈義民（爾魯）先生的山水畫

啟功先師從賈義民學畫，後轉投吳鏡汀門下。賈義民先生屬於「外行畫」畫派。

▲ 吳鏡汀《江山勝覽》圖（局部）

吳鏡汀屬於「內行畫」畫派。上世紀九十年代，啟功花重金將這幅作品從海外購回，認為是其平生最好的作品之一。

▲ 啟功早期畫的扇面

▲ 溥心畬、溥雪齋、祁井西、吳鏡汀合作山水扇面

▲ 啟功、吳鏡汀合作的扇面（正面）

▲ 啟功、吳鏡汀合作的扇面（背面）

邊風吹雪渡秦
說昨椎草手時獵
還舊荒為時思
殘關胡兒射過

▲ 溥心畬《駿馬圖》其一（1959）

溥心畬是啟功表叔，當時被公認為「王公藝術家」，與張大千被稱為「南張北溥」。

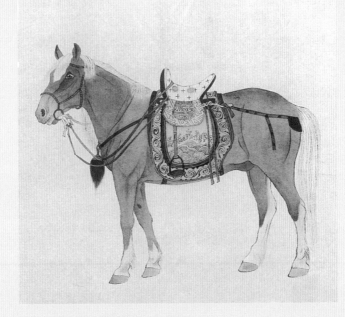

沙磧風動塞雲開昏暈知添月偏來
自與蒲桃同入貢天閑玉勒控龍媒
古樹平原夕照秋驕李唯聞蕃語頭
嫖姚出塞論車駟彩鬣邊風回縈
猶己夏九月 溥畫并題

▲ 溥心畬《駿馬圖》其二（1959）

▲ 溥心畬《淺絳山水》

▲ 啟功臨宋人手卷（局部）

▲ 啟功繪畫山水

▲ 啟功畫作《雲峰石跡圖》

▲ 啟功畫作《白石詞意圖》（1947）

▲ 啟功畫作《翠竹》

▲ 啟功有關「草屋」的對聯

▲ 啟功畫作《朱竹》

▲ 啟功為第一屆教師節紀念所作

▲ 啟功青山綠水書法成扇（1940）正面

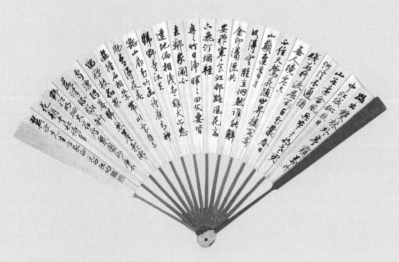

▲ 啟功青山綠水書法成扇　背面

目錄

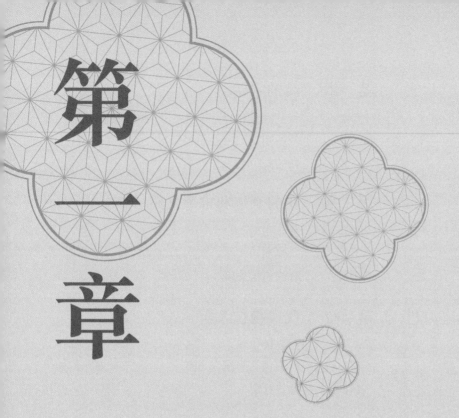

第一章

我的家族

我是雍正皇帝的第九代孫。雍正的第四子名弘曆，他繼承了皇位，這就是乾隆皇帝。雍正的第五子名弘晝，只比弘曆晚出生一個時辰，當然他們是異母兄弟。乾隆即位後，封弘晝為和親王。我們這支就是和親王的後代。

一、我的姓氏和世系

我叫啟功，字元白，也作元伯，是滿洲族人，簡稱滿族人，屬正藍旗。自 1931 年日本軍國主義發動「九一八」事變，在滿洲建立偽滿洲國後，大多數滿洲人就不願意把自己和「滿洲」這兩個字聯繫在一起了。但那是日本人造的孽，是他們侵略了滿洲，分裂了中國，這不能賴滿洲族人。日本強行建立偽滿洲國，想把滿洲族人變成「滿洲國」人，這是對滿洲人的極大侮辱。後來日本又把溥儀弄到滿洲，讓他先當執政，後當皇帝。如果他從大清皇帝的寶座上退位後，變着法兒地想復辟，重登帝位，那也是他自己的事，與我們滿洲人無關；但由日本人扶持，做日本人控制下的傀儡皇帝，那就是對滿洲族人的極大侮辱了。溥儀有一個號叫「浩然」，不管他叫溥儀也好，還是叫「浩然」也好，不管他真「浩然」也好，還是假「浩然」也好，這都是他自己的事，與我們無關；但他一旦叫了「滿洲國」的皇帝，就與我們有關了。這等於把恥辱強加在所有滿洲族人的身上，使他個人的恥辱成為所有滿洲族人的恥辱。這是我們所不能允許的，也是我們不能承認的。我們是滿洲族，但不是「滿洲國」的族；我們是滿洲族的人，但不

是「滿洲國」的人，這是我首先要聲明和澄清的。

滿洲族的姓很多。滿語稱姓氏為「哈拉」。很多滿語的姓都有對應的漢姓。如「完顏」氏，是從金朝就傳下來的姓，音譯成漢姓就是「王」；「瓜爾佳」氏，音譯成漢姓就是「關」。所以現在很多姓王的、姓關的，都是完顏氏和瓜爾佳氏的後代，當然更多的是原來的漢姓。這也是民族融合的一種體現。我曾寫過一篇《談清代少數民族姓名的改譯》的文章，登在《清華大學學報》2002年第4期上，專談有關這方面的事情。

我既然叫啟功，當然就是姓啟名功。有的人說：您不是姓愛新覺羅名啟功嗎？很多人給我寫信都這樣寫我的名和姓，有的還用新式標點，在愛新覺羅和啟功中間加一點。還有人叫我「金啟功」。對此，我要正名一下。「愛新」是女真語，作為姓，自金朝就有了，按意譯就是「金」，但那時沒有「覺羅」這兩個字。「覺羅」是根據滿語 gioro 的音譯。它原來有獨自的意思。按清制：稱努爾哈赤的父親塔克世為大宗，他的直系子孫為「宗室」，束金黃帶，俗稱「黃帶子」，塔克世的父親覺昌安兄弟共六人，俗稱「六祖」；對這些非塔克世——努爾哈赤「大宗」的伯、叔、兄、弟的後裔稱「覺羅」，束紅帶，俗稱「紅帶子」，族籍也由宗人府掌管，政治經濟上也享有特權，直到清亡後才廢除。清朝時，把這個「覺羅」當做語尾，加到某一姓上，如著名作家老舍先生，原來姓「舒舒」氏，後來加上「覺羅」，就叫「舒舒覺羅」，而老舍又從「舒舒」中取第一個「舒」字做自己的姓，又把第二個舒字拆成「舍」字和「予」字，做自己的名字，就叫舒舍予。同樣，也把「覺羅」這個語尾，加到「愛新」後面，變成了「愛新覺羅」，作為這一氏族的姓。也就是說，本沒有這個姓，它是後人加改而成的。再說，覺羅帶有宗室的意思，只不過是「大宗」之外的宗室而已，在清朝滅亡之後，再強調這個覺羅，就更沒有意義了。這是從姓氏本身的產生與演變上看，我不願意以愛新覺羅為姓的原因。

現在很多愛新氏非常誇耀自己的姓，也希望別人稱他姓愛新覺羅；別人也願意這樣稱他，覺得這是對他的一種恭維。這實際很無聊。當年辛亥

革命時，曾提出「驅除韃虜，恢復中華」的口號，成功後，滿人都唯恐說自己是滿人，那些皇族更唯恐說自己是愛新覺羅。後來當局者也認為這一口號有些侷限性，又提出要「五族共榮」，形勢緩和了一些，但解放後，那些愛新氏，仍忌諱說自己是愛新覺羅，怕別人說他們對已經滅亡的舊社會、舊勢力、舊天堂念念不忘。到了「文化大革命」，只要說自己姓愛新覺羅，那自然就是封建餘孽、牛鬼蛇神，人人避之唯恐不及。「文革」後落實民族政策，少數民族不再受歧視，甚至吃香了，於是又出現以姓愛新覺羅為榮的現象，自詡自得，人恭人敬，沆瀣一氣，形成風氣。我覺得真是無聊，用最通俗的話說就是「沒勁」。事實證明，愛新覺羅如果真的能作為一個姓，它的辱也罷，榮也罷，完全要聽政治的擺佈，這還有什麼好誇耀的呢？何必還抱着它津津樂道呢？這是我從感情上不願以愛新覺羅為姓的原因。二十世紀八十年代一些愛新覺羅家族的人，想以這個家族的名義開一個書畫展，邀我參加。我對這樣的名義不感興趣，於是寫了這樣兩首詩，題為《族人作書畫，猶以姓氏相矜，徵書同展，拈此辭之，二首》：

> 聞道烏衣燕，新雛話舊家。
> 誰知王逸少，曾不署琅琊。

> 半臂殘袍袖，何堪共作場。
> 不須呼鮑老，久已自郎當。

第一首的意思是說，即使像王、謝那樣的世家望族，也難免要經歷「舊時王謝堂前燕，飛入尋常百姓家」的滄桑變化，真正有本事的人是不以自己的家族為重的，就像王羲之那樣，他在署名時，從來不標榜自己是高貴的琅琊王家的後人，但誰又能說他不是「書聖」呢！同樣，我們現在寫字畫畫，只應求工求好，何必非要標榜自己是愛新覺羅之後呢？第二首的意

思是説，我就像古時戲劇舞台上的丑角「鮑老」，本來就衣衫襤褸，貌不驚人，郎當已久，怎麼能配得上和你們共演這麼高雅的戲呢？即使要找捧場的也別找我啊。我這兩首詩也許會得罪那些同族的人，但這是我真實的想法。説到這兒，我想起了一件笑談：一次，我和朱家溍先生去故宮，他開玩笑地對我説：「到君家故宅了。」我連忙糾正道：「不，是到『君』家故宅了。」因為清朝的故宮是接手明朝朱家舊業的。説罷，我們倆不由得相視大笑。其實，這故宮既不是我家的故宅，也不是朱家的故宅，和我們沒任何關係。別人也用不着給我們往上安，我們也用不着往上攀，也根本不想往上攀。

但偏偏有人喜好這一套。有人給我寫信，愛寫「愛新覺羅・啟功」收，開始我只是一笑了之。後來越來越多，我索性標明「查無此人，請退回」。確實啊，不信你查查我的身份證、戶口本，以及所有正式的檔案材料，從來沒有「愛新覺羅・啟功」那樣一個人，而只有啟功這樣一個人，那「愛新覺羅・啟功」當然就不是我了。

要管我叫「金啟功」，那更是我從感情上所不能接受的。前邊説過，滿語「愛新」，就是漢語「金」的意思。有些「愛新」氏在民族融合的過程中，早早改姓「金」，這不足為奇。但我們這支一直沒改。清朝滅亡後，按照袁世凱的清室優待條件，所有的愛新覺羅氏都改姓金。但我們家上上下下都十分痛恨袁世凱，他這個人出爾反爾，朝令夕改，一點信譽也不講，是個十足的、狡詐的政客和獨裁者。我祖父在臨死前給我講了兩件事，也可以算對我的遺囑。其中一件就是「你絕不許姓金，你要是姓了金就不是我的孫子」。我謹記遺命，所以堅決反對別人叫我金啟功，因為這對我已不是隨俗改姓的問題，而是姓了金，就等於是違背了祖訓，投降了袁世凱的大問題。至於我曾被迫地、短暫地、在紙片上被冒姓過一回金，那是事出有因的後話。

總之，我就叫啟功，姓啟名功。姓啟有什麼不好的呢？當年治水的民族英雄大禹的兒子就叫「啟」。所以，我有一方閒章叫「功在禹下」，「禹下」

就指「啟」。我還有兩方小閒章，用意也在強調我的姓，用的是《論語》中曾子所說的兩句話：「啟予足，啟予手」，意為要保身自重。有一個很聰明的人見到我這兩枚閒章便對我說：「啟先生參加我們的足球隊、籃球隊吧。」我問：「為什麼啊？」他說：「可以『啟予足，啟予手』啊。」我聽了不由得大笑。我很喜歡這幾方閒章，經常蓋在我的書法作品上。

要說姓，還有一個小插曲。我從來沒姓過愛新覺羅，也沒姓過金，但姓過一回「取」。原來在考小學張榜時，我是第四名，姓名卻寫作「取功」，不知我報名時，為我填寫相關材料的那位先生是哪兒的人，這位先生「qi」「qu」不分，而且不寫「曲」，偏寫「取」，於是我就姓了一回很怪的「取」，這倒是事實。

我雖然不願稱自己是愛新覺羅，但我確實是清代皇族後裔。我在這裏簡述一下我的家世，並不是想炫耀自己的貴族出身，炫耀自己的祖上曾闊過。其實，從我的上好幾代，家世已經沒落了。之所以要簡述一下，是因為其中的很多事是和中國近代史密切相關的。我從先人那裏得到的一些見聞也許能對那段歷史有所印證和補充。現在有一個學科很時髦，叫「文獻

◀ 啟功用章

學」。其實，從原始含義來說，文是文，獻是獻。早在《尚書》中就有「萬邦黎獻共惟帝臣」的說法，孔穎達注曰：「獻，賢也。」孔子在《論語》中也說過：「殷禮，吾能言之，宋不足徵也，文獻不足故也。」朱熹注曰：「文，典籍也；獻，賢也。」可見，「文」原是指書面的文字記載，「獻」是指博聞的賢人的口頭傳聞。我從長輩那裏聽到的一些見聞，也許會補充一些文獻中「獻」的部分。當然，因為多是一些世代相傳的聽聞，也難免在一些細節上有不夠詳盡準確的地方。

我是雍正皇帝的第九代孫。雍正的第四子名弘曆，他繼承了皇位，這就是乾隆皇帝。雍正的第五子名弘晝，只比弘曆晚出生一個時辰，當然他們是異母兄弟。乾隆即位後，封弘晝為和親王。我們這支就是和親王的後代。

弘字輩往下排為永、綿、奕、載、溥、毓、恆、啟。永、綿、奕、載四個字是根據乾隆恭維太后的詩句「永綿奕載奉慈幃」而來的。「奕」有高大美好的意思，全句意為「以永久、綿長的美好歲月來敬孝慈祥的母親」，也可謂極盡討好之能事了。溥、毓、恆、啟四個字是後續上去的，沒有什麼講頭。

我們這一支如果從雍正算第一代，第二代即為雍正第五子和親王弘晝，第三代為永璧，他是和親王弘晝的次子，仍襲和親王。同輩的還有四子永璔（即成親王）、六子永煥、七子永琨等。第四代叫綿循，他是永璧的次子，仍襲王爵，但由和親王降為和郡王。第五代為奕亨，他是綿循的第三子，已降為貝勒，封輔國將軍。同輩的還有四子奕聰、六子奕瑾、九子奕蕊等。按規定，宗室封官爵多為武銜，不但清朝如此，宋朝、明朝也如此，如宋朝的宗室，高一級的封節度使，次一級的封防禦使，都是武職。又如明朝的八大山人朱耷，作為宗室，也是封武職。所以從奕亨那代起，我家雖都封為將軍，但只是個虛銜而已。第六代即為我的高祖，名載崇。他是奕亨的第五子，因是側室所生，不但被迫分出府門，封爵又降至僅為一等輔國將軍。同輩的還有四子載容等。傳到第七代有三人。次子名溥

良，即是我的曾祖，根據爵位累降的規定，只封為奉國將軍。他的哥哥叫溥善，是我的大曾祖，弟弟叫溥興，是我的三曾祖，也都襲奉國將軍。第八代共有五人。我的祖父行大，名毓隆，二叔祖名毓盛，三叔祖、四叔祖皆夭折，五叔祖名毓厚，過繼給找大曾祖，六叔祖名毓年。第九代即我的父親，名恆同，是獨生子。如以圖表表示，則世系承接關係如下：

二、我所知道的乾隆與和親王

我的九代祖是清世宗雍正皇帝胤禛，這兩個字都是不常用的。清朝皇帝的名字一般都很怪，字都很生僻，為的是防止出現更多的避諱字。如康熙最初所立的太子名胤礽（réng 或 chéng），人人都要避諱這兩個字，甚至這兩個音。大家知道，清朝有一個著名的詞人叫納蘭成德（容若），後來一度改為納蘭性德，就是為了避諱 chéng 這個音。但胤礽被廢後，後人仍管納蘭叫性德就不對了。因為他死後，親朋在弔唁時，都稱他為成容若。胤礽被廢後，立為理親王，與禮親王昭槤等都屬於「世襲罔替」的「八家鐵帽子王」。理親王的諡法為「密」，這不是好字眼。後來胤禛當了皇帝（雍正），於是同輩的人為避諱「胤」字，而改為「允」字。雍正只特許他喜歡的懿親王胤祥可以不避，但他自己不敢，還是自動改為允祥。

雍正有十個兒子。長子早在乾隆出生的前七年，即康熙四十三年死去，二子、三子、七子、八子、九子、十子皆夭折。六子又過繼給別人。

所以這裏面只有第四子弘曆與第五子弘晝有繼承皇位的可能。後來弘曆當了皇帝，這就是清高宗乾隆皇帝，而弘晝只能被封為和親王。在爭奪帝位的過程中，他們兩人的關係十分複雜微妙。其中生辰是一個關鍵。弘晝只比弘曆晚出生一個時辰，但就是這一個時辰決定了他們終身的兄弟地位，進而決定了他們終身的君臣地位。弟弟雖被封為親王，但在皇帝哥哥面前只能永遠是臣子。

他們之間的關係之所以複雜，還有一個特殊的背景。按清制：某后妃生了孩子，必須交給另外的后妃去撫養，即親生的母親不能直接撫養親生的兒子，目的是避免母子關係過於親密而聯合起來有所企圖，甚至謀求皇位。這是皇室和皇帝最忌諱的事。為此不惜割斷母子之間的血緣親情，用心可謂良苦。和親王是雍正耿氏妃所生（後被封為裕妃，地位在諸妃之上，死後被尊為純愨皇貴妃），而撫養他的恰恰是乾隆的生母（雍正時封為熹妃，乾隆即位後，稟雍正遺命，尊為孝聖憲皇太后）。而乾隆生下後又被別人所撫養。人的感情是複雜的。雖然天下的母親沒有不愛自己親生骨肉的，但對從小就把他拉扯大的孩子也會產生深厚的感情；而對雖為親子，卻從來沒親自撫養過的孩子，感情上就未免容易隔閡或疏遠。乾隆的生母就是這樣的人，她雖不是和親王的生母，但從小把他撫養大，對他感情非常深，喜愛的程度遠遠超出親生兒子乾隆。乾隆長大後當然非常了解這種感情和這層關係，特別是當了皇帝之後，更不得不時時加以提防。因為自己當了皇帝，生母就是太后。太后在清朝有很大的權力，甚至是廢立大權。乾隆總擔心太后因喜愛和親王就藉故廢掉自己而立和親王。所以乾隆不得不採取極為謹慎、周密的策略和辦法。他一方面對太后十分恭敬，晨昏定省，禮儀上格外尊崇，甚至大興土木，修建大報恩寺（即後來的頤和園主建築）為太后做壽；另一方面就是處處帶着太后，表面上是向外界表示母慈子孝，自己時時侍奉在太后的左右，實際上是隨時看着她，隔開她與和親王的聯繫。與其交給別人看着，總不如自己看着更放心。但史家卻往往沒有看透這一點。《清史稿·后妃傳》在記載乾隆生母時稱：

高宗事太后孝，以天下養。……太后偶言順天府東有廢寺，當
重修，上從之。……上每出巡幸，輒奉太后以行。南巡者三，東巡
者三，幸五台者三，幸中州者一，謁孝陵，獮木蘭，歲必至焉。
逢萬壽，舉土大臣奉觴稱慶。……慶典以次加隆。……先以上親制
詩文（前邊提到的「永綿奕載奉慈悼」就是這類詩文）、書畫，次
則……諸外國珍品，靡不具備。

如果把「奉太后」「南巡、東巡」等解釋為「孝敬」，也許勉強可通，
但「獮木蘭」就令人費解了。「木蘭」是滿語「吹哨引鹿」的意思，清朝皇
帝常於每年秋率王公大臣到圍場打獵習武，稱「木蘭秋獮」，稱其地為木蘭
圍場。後來這個制度與這個圍場都逐漸廢弛，圍場成了放牧墾田的地方，
於是索性改為「圍場縣」，今屬河北省。顯然，「木蘭秋獮」，就是當時的
軍事演習，這和太后有什麼直接關係？為什麼也非要帶着她？而且非要等
她病重後才把她送回承德的避暑山莊？這不明明是對太后存有疑慮，才時
時帶在身邊嗎？

後來有一位著名的學者叫王伯祥，著述甚豐，雖有很多在抗日戰爭中毀
於戰火，但有一部《乾隆以來繫年要錄》尚存，這個名字是套用宋人李心傳
《建炎以來繫年要錄》而來的，但「建炎以來」是南宋在江南另開基業，套用
到「乾隆以來」未見得準合適。書中用大量的篇幅大談特談乾隆如何每日親
侍太后左右，他們之間如何的母慈子孝，把這些當成煞有介事的美談。這只
說出了表面現象，而沒有看到深層原因，即不了解乾隆為什麼要如此孝順太
后。他表面上做得很堂皇，像個大孝子，但實際上是另有考慮。這是很多修
清史的人，包括我很尊敬的王伯祥老所不知的。我曾為這本書寫過一篇跋，
雖然沒有直接道破這一點，但有一段話卻是針對類似所有這樣的現象而發的：

後世秉筆記帝王事跡之書，號曰「實錄」，觀其命名，已堪失
笑。夫人每日飲食，未聞言吃真飯，喝真水，以其無待申明，而

人所共知其非偽者。史書自名實錄，蓋已先恐人疑其不實矣。又實錄開卷之始，首書帝王之徽號，昏庸者亦曰「神聖」，童騃者亦曰「文武」，是自第一行即已示人以不實矣。

　　這是我很得意的一段文字，得到葉聖陶老「此事可通讀報章」的稱讚。

　　「和王」滿語叫「和碩」，意為四分之一，一角，相當於英語的quarter，即他的爵位享有皇帝四分之一的權力。其實雍正在挑選繼嗣時非常慎重，對他們從小就進行觀察，多次通過不同的方式方法進行試探，測驗弘曆與弘晝兄弟的喜好、性格、志向、能力。當乾隆與和親王還在上書房唸書的時候，雍正就常讓太監拿一些小東西、小玩意兒，如小盒子、圖章等賞給這兩位阿哥（太監在皇帝面前一律稱皇子為「阿哥」），平時見面時也常如此。這些東西多少有些志趣尊卑的象徵性。雍正本希望乾隆能拿到好的，但乾隆總搶不過和親王，好東西每次都被他搶走，這種「搶尖兒」的行為也很能反映一個人的性格。所以雍正最終選定乾隆是經過深思熟慮的。一旦決定後，就把他的名字作為皇位繼承者放在神聖的乾清宮「正大光明」的匾額後面，以示鄭重。（後來我發現，這四個字是根據位於西華門內路北咸安宮門兩側的刻石翻拓的，一邊是「正大」兩字，一邊是「光明」兩字，這四個字是順治皇帝所書。原拓片在台灣，現在掛在太和殿上的是重拓的，墨跡不如原來的濃。）但弘晝卻不這樣想。他對自己因只比乾隆晚生一個時辰而沒能當上皇帝始終耿耿於懷，說不定還會懷疑是不是有人在裏面做了手腳，因為那時還沒有準確的計時方法，更沒有準確的接生記錄，早一時辰，晚一時辰，只是那麼一報而已。日久天長，他的心理難免有些變態。再加上自小受到太后的寵愛，有恃無恐，所以脾氣稟性頗為怪異。他喜歡自己做點小玩意兒，家裏盆盆罐罐的小擺設以及一些祭祀的用品都是紙糊的。每到吃飯的時候就讓傭人跪一院子，大哭舉哀，他自己在上面邊吃邊樂，覺得很痛快。前面提到的「鐵帽子王」之一的禮親王昭槤，曾編過一本《嘯亭雜錄》，書中多記宮中之事，這是一般人所不敢寫的，只

有像他那樣地位的人才敢這樣寫，因此在清史研究中是一部很重要的書。我曾買得此書中的兩卷，是一般版本中所沒有的，後交給中華書局，以補充原來的不足。書中有一條叫「和王預凶」，說的就是這件事。「凶」是五禮之一。五禮包括「吉」「凶」「賓」「軍」「嘉」五種，即以吉禮敬鬼神，以凶禮哀邦國，以賓禮親賓客，以軍禮誅不虞，以嘉禮和姻好。和親王在沒死前即預先行凶禮，而且這種禮是哀邦國的，對國家很不吉利。也許他心想這國家反正不是我的。這說明他心理嚴重失態，而且是有意衝着乾隆來的。乾隆拿他也沒辦法，還說你既然喜歡做小玩意兒，乾脆去負責造辦處吧。他於是做了一個小板凳，上面鋪上馬鞍子，自己騎在上面，還問：「哥哥您看怎麼樣？」乾隆只好尷尬地說：「好。」他又馬上跪下磕頭請罪，說：「我在皇上面前失禮了。」氣得乾隆無奈地說：「這是你找尋我啊，我並沒說你有什麼不對啊！」這話看似寬宏，實際積怨很深，挑明是你故意尋釁。又如，一次他和乾隆一起到正大光明殿去監考八旗子弟。到了傍晚，他請乾隆先去吃飯，乾隆沒答應，他便有意激道：「難道您還防備我買通他們不成？」乾隆當時沒說什麼。第二天和親王又覺得不妥，向乾隆叩頭謝罪，說自己出言不遜，冒犯了天威，請皇上不要計較。乾隆答道：「我要是計較，就憑你昨天一句話，就可以把你剁成肉醬！」從中不難看出他們的積怨隨時有爆發的可能。這種緊張的關係一直延續到和親王死去。據說他病重臨死時，乾隆曾去看望過他。和親王掙扎着爬起來在牀上給乾隆磕頭，一邊磕，一邊用兩手圍在頭上，比畫出帽子樣。和親王的用意是希望乾隆把自己「頭上」的這頂「和親王」的「帽子」永遠賞給子孫，就像八家「鐵帽子王」那樣永遠世襲罔替地傳下去。也不知乾隆是真不明白還是假不明白，所答非所問地摘下自己的帽子，交給他，說：「你是想要我的帽子啊？」眾所周知，皇帝的桂冠就是權力的象徵。不知乾隆此刻是把這頂帽子當成普通的帽子，還是當成具有特殊意義的帽子。如果是後者，是想讓和親王在生命的最後一刻沾一下這頂桂冠的邊，還是諷刺他「你到臨死也不忘這頂帽子」，這只能是見仁見智地任人評說了。但和親王不算世襲

罔替的「鐵帽子王」，而他死後乾隆仍讓他的兒子永璧多襲了一代和親王，而永璧的兒子雖不再襲親王而改襲郡王，也確實對這位弟弟法外開恩了。

《清史稿·諸王傳》有一段不到三百字的和親王傳，其中除了對殿試這一段有具體的記載外，其餘都是概括的介紹，說他：

> 少驕抗，上每優容之……性復侈奢，世宗（雍正）雍邸舊貲，上悉以賜之，故富於他王。好言喪禮，言：「人無百年不死者，奚諱為？」嘗手訂喪儀，坐庭際，使家人祭奠哀泣，岸然飲啖以為樂。做明器象鼎彝盤盂，置几榻側……

我的所聞可以和這些記載相印證，並對它們進行一些具體事例的補充。

而太后卻總向着和親王，處處偏袒他，這也是乾隆沒奈何的地方。如當時的造幣局在北新橋路西，即現在的第五中學一帶。當時的銅錢，一面鑄有滿文的「寶泉」二字，一面鑄有漢文的「大清通寶」字樣，所以又稱「寶泉局」。錢鑄好後，由北新橋往南，經鐵獅子胡同（今張自忠路）東口運往戶部。鐵獅子東口路北的大宅子就是和親王的王府（即後來的段執政府）。那兒有兩個門，人稱東阿司門、西阿司門（音），晝啟夜閉，起守衛作用。一次，造幣局的車路過此地，和親王居然令人把所有的車馬通通由東阿司門趕進府內，關上大門，簡直如路劫一般。乾隆聽到後大怒，決心一定要嚴懲他一下。按律，截國庫的錢要根據情節輕重發配到遠近不同的地方。但考慮到太后的因素，又不敢真的把他發配得太遠，和大臣商議後，決定採取變通的方法，罰他去守護陵寢。第二天早上，乾隆到太后那裏請安，想把此事通報太后。只見太后沉着臉，連頭都不抬，只顧自己收拾東西。乾隆搭訕了半天，太后始終一句話都不說。乾隆只好耐着性子，問身邊的宮女：「太后這是怎麼了？」宮女答道：「您把和親王發去守陵，太后不放心，說了，『我怕和親王受不了，要收拾東西陪他一起去。』」乾隆聽罷，只有暗自叫苦，收回成命。乾隆一是怕消息傳出去，說太后讓自己氣跑了，二

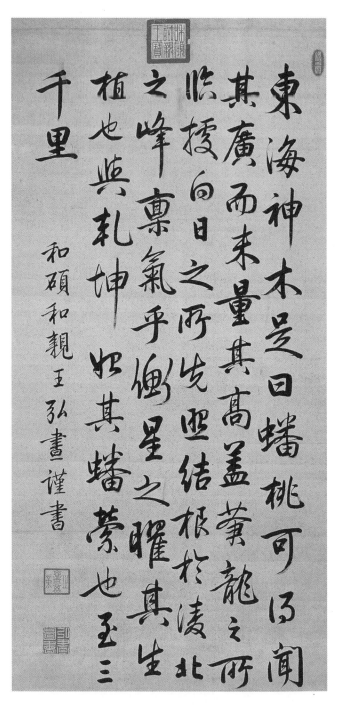

東海神木是日蟠桃可以閱
其廣而未量其高蓋葉龍之所
臨援向日之所先盤結根於凌北
之峰稟氣乎倒星之曜其生
植也與乾坤如其蟠縈也玉三
千里

和碩和親王弘晝謹書

▲ 和親王弘晝墨跡

威鳳吐雛喈

卿雲呈爛熳

和親王書

▲ 和親王弘書書寫的五字聯

是仍怕太后與和親王藉此機會勾結在一起。

後來太后還是不高興，也不和乾隆過話。乾隆只好再去找宮女打探虛實。宮女說：「太后說了，『沒見過金山、銀山是什麼樣。』」乾隆巴不得能找個機會討太后歡心，心想這回好辦，讓戶部多湊些金元寶、銀元寶往桌上一堆，不就得了嗎？果然就這麼辦了。太后遛彎兒時看到這堆出來的金山、銀山高興得笑了，真有點像「烽火戲諸侯」的翻版。不料接着跟乾隆說：「把這些都賞給和親王吧。他太窮，他但凡有錢何必截寶泉局的錢呢？」乾隆心裏叫苦不迭，連忙解釋說：「這都是我從戶部臨時借來，請您看着玩兒的。」太后仍然不依，鬧得乾隆一點辦法都沒有，最後只得全都賞給和親王。太后就這樣包庇、縱容和親王，他明明已是「富於他王」了，還要在乾隆面前為他哭窮。乾隆只能裝作順從，虛以周旋，但心裏的怨恨不言而喻，關係也只能越來越僵。直到乾隆三十年和親王死後，才算平靜下來。和親王工書，有《稽古集》傳世。

在乾隆時期，和珅是一個重要人物。和珅是一個極富機謀權術的人，在長期的仕宦過程中，權力越來越大，讓朝廷和群臣都感到有點尾大不掉了。為了籠絡他，乾隆把自己的女兒和孝公主賜婚和珅的兒子豐紳殷德。但乾隆只讓女兒稱和珅為丈人，而不稱公公，這樣一來好像自己這一方成了男方，成了女婿，氣勢上就能佔點便宜。這也算是一種皇威的體現吧。

乾隆早就說過，執政六十年後即遜政，把政權交給太子──就是後來的嘉慶皇帝。嘉慶只是乾隆的第十五子，為什麼能輪上他當皇帝？這裏面還有一段鮮為人知的深層原因。嘉慶的生母，據《清史稿》所記為魏佳氏，看起來是旗人的姓，因為旗人的姓常有「某某佳」氏，但「佳」實際上就是「家」，只不過改寫成「佳」而已，乾隆皇帝特別喜歡這樣改姓氏。現代學者鄭天挺的《清史探微》也持這種觀點。但實際上她並不是旗人。嘉慶的生母當是江南一個曲藝藝人，是乾隆三幸江南時看中的一位女子。後來，孫殿英盜清陵時，也盜開了她的墓，知道她深受乾隆寵愛必定有許多財寶。結果把她的鞋脫下來找寶時，竟發現她是小腳。眾所周知，旗人婦

女是不裹腳的。這個出土的實物鐵證，證明她一定是漢人，而不是旗人。所以，所謂的「魏佳氏」，不過是後派上的一個姓。魏佳氏被娶到宮中後，受到乾隆的特別寵愛，並生了一個兒子。自有歷史記載以來，凡后妃受寵，必然招致皇后的妒忌，爭風吃醋是後宮的鐵定法則和常規遊戲。最後魏佳氏被皇后害死，手法大概是灌毒藥。據說乾隆一次在南巡到德州時，曾和皇后有一次極為激烈的爭吵，皇后甚至提出要鉸髮，大有要出家為尼的架勢。封建社會提倡身體髮膚受之父母，絕不能隨意毀壞，旗人尤其重視頭髮，只有在父母死後，兒女才要剪下一縷頭髮放在父母遺體的手中。可見吵到要鉸髮的地步一定是非同小可，可能就是為魏佳氏之死而引發的。而乾隆對皇后的鉸髮非常氣憤，認為這是對他的要挾。後來就把皇后廢掉。魏佳氏死後，手下的人，為她安排的是水銀葬。這也大有深意。當年宋真宗的劉皇后迫害死宋仁宗的生母李妃，並掩蓋真相，說自己是仁宗的親母。當時以呂夷簡為首的大臣為了能長期保留李妃的遺體，就是為她實行水銀葬，並按皇后的等級為她穿戴。劉皇后知道後大鬧，呂夷簡對她說，這實際上也是為了保護你們劉家。等到劉皇后死後，大家才告訴仁宗真相。仁宗到寄存李妃靈柩的廟裏打開棺材一看，果然面色如生，全身皇后裝束，仁宗為之大哭。但荒唐的是，仁宗居然不知怎麼處置這件事，不知是否該認自己的生母為太后，又覺得劉皇后終究厚葬了自己的生母，這正如呂夷簡所說，實際上保全了劉皇后。當年孫殿英盜墓後，也有魏佳氏面色如生的記載。可見確實施行的是水銀葬，這也從側面證明，當時是有意地模仿前例，把她按皇后的規格下葬的。乾隆終究比宋仁宗明白，他所心愛的妃子被皇后害死了，他就格外喜愛、加倍珍惜她的兒子，進而決定傳位於他。這就是嘉慶皇帝。而乾隆廢掉皇后後，真是心灰意冷，再也不想立正宮。有一次他到熱河的避暑山莊，一位老學究，說穿了就是一個迂腐的書獃子，還拿出那套封建倫理向乾隆建議，說什麼後宮不可無主，應該續一位正宮母儀天下。他以為端出這樣一套堂而皇之的諛詞來拍馬一定能得賞，不想，氣得乾隆差點把他殺了。

話說回來，到了乾隆六十一年時，乾隆果然對外宣佈遜政給嘉慶，朝野就改稱嘉慶元年，但在宮中仍繼續用乾隆年號紀年，為避弘曆的「曆」字，不稱「時曆書」，而稱「時憲書」，繼續按乾隆六十一年、六十二年往下排。這說明乾隆雖然偏愛嘉慶，但自己並不想輕易撒手，真的遜政，而是要繼續把持朝政，親裁一切大小事宜。上朝時依然坐在寶座上，而嘉慶只能站在一邊，所以和珅仍然得到重用。

　　一回，在朝堂上乾隆與和珅商議選派誰去補現在的某些出缺，嘉慶照例只能在旁邊聽着，而這二位偏偏不說正式的人名，全用什麼「大么」「么天」「大天」「虎頭」之類的骨牌名來代替。他們倆當然是心照不宣，但嘉慶聽起來卻是一頭霧水。下來後，嘉慶就問和珅：「你們剛才說的都是誰？」和珅卻不以為然地說：「我們爺倆兒的事，您就別問了。」從乾隆這方面來說，他明知嘉慶不會清楚這些骨牌名都代表誰，而偏要這樣說，就是有意不讓嘉慶知道；從和珅這方面來說，作為佞臣，就要討主子的歡喜，處處表現對主子的忠心，既然主子不願直呼其名，自己也就不好把機密泄露出去；但作為新主子，嘉慶沒頭沒腦地在臣子面前碰了這樣一個軟釘子，心裏不能不窩一肚子火。

　　後來又發生了一件事：乾隆在一次談話中，流露出想把原來上書房的師傅，後因故放外任的朱珪重新調回京城，主持「閣務」。嘉慶與朱珪有師生之誼，關係親密，聽說這個消息後，自然很高興，就寫了一首詩給他，表示祝賀。不料，這事讓和珅知道了，竟把這首詩抄給了乾隆，並煽風點火地說：「嗣皇帝欲市恩於師傅。」和珅的目的很明顯，他清楚地知道自己權高蓋主，得不到嘉慶的好感。如果嘉慶一旦接管了實權，絕沒有自己的好果子吃，趁他還沒接管大權，扳倒他也不是一點希望沒有。如果另立一個年輕無能的新主子，也許還能控制住局面，繼續掌權。乾隆拿到這首詩後果然大怒：一來我還沒正式決定，你就先透露出去，法度何在？二來這確實有向手下親密大臣賣人情的嫌疑，以便培植自己的勢力。要知道，凡老皇帝到後來，他最大的對手或敵人，不是別人，正是自己的兒子。他們都

怕自己的兒子因急於登基反過來把自己廢掉，或者另立一套，把自己的既定方針否掉，所以太子在沒登基前總有被廢的危險。現在乾隆也不例外，他也把這件事與廢立聯繫在一起。於是召集重臣商議如何處置這件事，並把嘉慶的詩當庭示眾。當時的權臣除和珅外，還有阿桂、董誥等。阿桂是實力派。雍正時，朝廷實行「改土歸流」的政策，即把西南一帶世襲執政的土司，改為朝廷指派輪換行政的流官。當地土司不滿而紛紛造反。阿桂就是最後攻克四川一帶大、小金川，平定叛亂的功臣。當時他動用了大量的火炮，這在那時可是克敵制勝的法寶，一般的部隊、一般的情況，不會有這樣的裝備，可見阿桂當時的地位。解放戰爭前，從北京城到西山的路兩旁，還可以看到很多舊時的炮樓、碉堡，那都是為阿桂練兵進行實戰演習修建的。但阿桂是武將，這次該文臣出馬了。在乾隆的追問下，董誥經過一番思考只說了五個字：「聖主無過言。」這話可理解為：英明的君主從來沒有說過錯話；也可以理解為：不要讓臣子認為君主說過錯話。非常含蓄而巧妙地提醒、告誡乾隆：您既然已經決定立嘉慶，就不能輕易改變，否則前邊的決定不就成了出爾反爾的「過言」了嗎？這就冠冕堂皇地堵住了乾隆想要提出廢立的嘴，乾隆聽罷也只能默默無語，以別的理由不再召朱珪入京，並囑咐董誥以後要好好為自己輔佐嘉慶。沒想到和珅沒能藉這個機會扳倒嘉慶，反而使一些老臣更死心塌地站在嘉慶這一邊。

當然和珅也不會只把賭注下在一邊，他也會抓住機會討好嘉慶，以表自己早有擁戴之心。早在乾隆六十年，乾隆準備正式冊封嘉慶為皇太子，但還沒正式公佈時，和珅得知後，就搶先向嘉慶獻上一柄上等成色的如意，以表擁戴。但這根稻草救不了他的命。據說，嘉慶接過來瞥了一眼，狠狠地把它摔在地上，摔得粉碎，大聲質問道：「宮裏都沒見過這麼好的東西，你怎麼會有？」言下之意，你這貪官貪得也太出格了。

乾隆六十四年，乾隆死去。嘉慶作為兒子，當然要舉哀服孝，按一般的官員，須丁憂三年，但國不可一日無君，所以宮中另有一套說辭和規矩，喪期可以通過巧妙的解釋而縮短，一天頂好多天，有如現在的打折。

所以嘉慶很快就正式即位親政了。親政後頭一件大事就是解決和珅：先讓王念孫上書彈劾和珅種種不法之狀，然後由嘉慶下達交刑部嚴查的命令。拿入刑部後，嘉慶還沒敢馬上殺他，因為他畢竟在朝野上上下下經營了那麼多年，到處都是他的黨羽，就像崇禎一開始不敢貿然殺掉魏忠賢一樣。而和珅還在獄裏作詩，向嘉慶表示懺悔。但嘉慶最終還是沒放過他，宣佈他犯有二十大罪。這真叫「欲加之罪，何患無辭」。而有諷刺意味的是，第一條大罪就是：「蒙皇考冊封皇太子，尚未宣佈，和珅於初二日在朕前先遞如意，以擁戴自居。」可見嘉慶對和珅表面擁戴，實則反對，是多麼的痛恨。最後，賜帛令其自盡。而嘉慶的另一項命令就是急召朱珪入朝，任上書房總師傅。

這是和珅的必然下場。有一件事最能説明這一點：當嘉慶還沒被正式立為太子，和珅還沒倒台，權勢如日中天時，眾皇子中就出現這樣一個笑談：某阿哥很有自知之明，深知自己絕對不可能當太子，就對其他阿哥説：「眾位哥哥，如果老皇殯天了，你們都有繼承王位和宮中財富的可能，我自知沒那樣的好命。就説那機會多如雨點，也落不到我頭上。我只有一個請求，哪位哥哥將來當了皇帝，請把和珅住的宅子賞給我，我就心滿意足了。」試想，在那個時候，眾皇子就惦記上和珅的府第了，他能不倒台嗎？這位阿哥最後真的如願以償，不但如此，而且在日後朝廷激烈、殘酷的傾軋中，居然能安然無恙。因為他早早表示只在財物上有貪心，正表示在政治上沒野心，這樣，所有在政治場上爭鬥的人誰也不會拿他當對手，他於是得以保全。歷史上這類的事情很多。李後主被俘後，日日思念他舊時的「無限江山」、故苑的「雕欄玉砌」，所以吟詠方畢，牽機（毒藥）遂至。正因為他讓別人擔心還有政治上的不甘心。而蜀後主劉禪，被俘中原後，每日樂不思蜀，反而得以盡其天年，正因為在別人眼裏他再也構不成政治威脅，而統治者怕的恰恰是這種政治野心，腐化墮落對他們並無所謂，權位才是最重要的。僅從苟全性命這點上説，誰能説這種人不正是「大智若愚」呢！

歷史上有「康乾盛世」之說。據我看來，康熙、雍正、乾隆三朝，康熙時代最為強盛，雍正次之，乾隆最差。康熙收復台灣、平定噶爾丹、力敗沙俄，簽訂《尼布楚條約》，使中國的版圖空前絕後的廣闊，制定了開明的民族政策，重用漢族知識分子，大度而主動拜謁明孝陵，消除了明末遺老的對立情緒，穩定了人心；推行寬鬆的文化政策，優待人才，並注重選拔人才，促進了清代的文化建設和學術發展。這種勢頭在乾隆前期還得到保留，乾隆本人也算勤勉。但到了乾隆三十七年以後，情況就截然不同了。這一年川楚「教匪」開始起事，此後愈演愈烈，說明政治統治已發生危機。這一年開始修《四庫全書》。《四庫全書》本身是一部了不起的書，但乾隆修《四庫全書》的重要目的是推行文化專政，鉗制文人的言論和思想。所以自雍正以來興起的文字獄愈演愈烈。大批的學術著作和文學創作被封殺，大量的學者和文人被殺的殺，剮的剮，株連的株連，滅門的滅門。這說明他預感到思想統治也發生了危機，神經變得極為脆弱。這一年開始編纂《貳臣傳》《逆臣傳》，將明朝入清繼續為官的人，如錢謙益、朱彝尊、毛奇齡等都列入貳臣，把在清朝封官後又反清的人，如吳三桂、耿精忠等都列入逆臣，這說明他對文武大臣和各種人才已存有嚴重的戒備之心，不再想如何利用他們，而是想如何防範他們。到了這種地步，「康乾盛世」也就走向窮途末路，而中國封建社會最後的繁榮期也逐漸走向盡頭了，封建社會的滅亡已是不可避免的了。

三、我的幾位祖上和外祖上

我的曾祖叫溥良，到他那一輩，因爵位累降，只封了個奉國將軍，俸祿也剩得微乎其微，連養家餬口都困難。如果僅靠襲爵位，領俸祿，只能是坐吃山空，維持不了多少時候。生活逼迫他必須另謀生路。按清制：有爵位的人是不能下科場求功名的。我的曾祖便毅然決然地辭去封爵，決

心走科舉考試這條路。所幸，憑着良好的功底，中舉登第，入了翰林，先後任禮藩院左侍郎、戶部右侍郎、督察院滿右都御史、禮部滿尚書、禮部尚書、察哈爾督統等職。其實，他最有政績的還是在江蘇學政（相當於現在的江蘇教育廳廳長）任上。最初，他被任為廣東學政，赴任時，走到蘇州，住在拙政園，正趕上八國聯軍入侵中國，西太后母子匆匆逃往西安，按規定他應該先到朝廷去述職，但此時正值戰亂，不能前往，於是又改派為江蘇學政。他是一位善於選拔、培育人才的人。凡當時江蘇有名的文人學者，大多出其門下。我日後的老師戴綏之（姜福）就是他任上的拔貢。又如張謇（季直），他家與翁同龢家為世家友好，翁同龢曾特別寫信囑咐我曾祖父務必安排好張謇。翁同龢曾任同治、光緒的老師，並幾乎任遍六部尚書，還任過中堂，也算是一代名臣，現在來親自過問張謇的前程。這封信現在還在我手中，因為文筆好，説的又和我家的事相關，我至今還能背下來：「生從事春官，目迷五色，不知遺卻幾許雋才，賢郎其一矣。生有極器重之通家，曰江南張謇，孝友廉謹，通達古今……」翁同龢做過禮部尚書，按《周禮·春官》記載，春官為六官之一，掌禮法、祭祀，後來就成為禮部的代名詞。所謂「目迷五色，賢郎其一」，是對上次科考，沒能看準，因而遺漏了令郎（即我祖父）而表示歉意。我曾祖也是翁同龢的門生，

▼ 啟功曾祖父溥良寫的扇面

這封信寫得又這樣富於暗示性，豈敢不聽？於是就安排張謇做崇明書院的山長。過了兩年，到下一次省試時，他和我祖父兩人果然高中，張謇拔得狀元，我祖父考中進士，入翰林。

顯然，張謇和我祖父的中第與翁同龢的特意安排有關，說白了，這就是當今所說的「貓膩」，但這在當時也是公開的祕密。狀元是要由皇帝欽點的，一般情況下都由閱卷大臣排定。他們認為好的卷子，就在上面畫一個圈，誰的圈多，誰就排在前面。前十本要呈交皇帝親自審查，閱卷大臣把他們認為第一的放在最上面，皇帝拿起的第一本就是狀元了。下邊的就是榜眼、探花，以此類推。其他級別的考試也如此，但也有例外。如乾隆時，有一位尹繼善，他是劉墉的學生，曾四任兩江總督。兩江是清朝財政的主要來源，尤其是鹽政，再加上錢、糧，有大量的收入，因此兩江總督是朝廷和皇帝非常倚重的要職。某年會試，尹繼善參與主持，準備錄取的狀元是江蘇人趙翼（甌北），他本來學問就好，又是軍機章京，最了解考場的內情，知道什麼文章最對路數。但乾隆覺得江蘇的狀元太多了，想換一個別省的。他特別喜歡尹繼善奏摺上書一類公文的文筆，又知道這些文筆

▼　翁同龢寫給啟功曾祖溥良的信

都出自尹繼善手下的幕僚陝西人王傑（偉人），便特意問尹繼善：「你們陝西有狀元嗎？」「王傑這個人怎麼樣？」意思是想取王傑，並以此來獎掖尹繼善，或者說得更直白些，就是拍尹繼善的馬屁。為了政治的需要，皇帝有時也要拍大臣的馬屁。尹繼善自然順水推舟，於是改取王傑為狀元，而把趙翼取為探花，為此趙翼始終耿耿於懷。但科舉要服從政治，這是明擺着的道理。

話說回來，張謇也確非等閒之輩。他入仕後，覺得在官場上混沒前途，就主動棄官經商，去搞實業，成為洋務派中的重要一員，用現在的話說就是「下海」了。他反過來對翁同龢也有很大的影響，翁同龢的那些較新的思想、知識，多是從張謇那兒來的，頗有點像康有為的許多東西都是從梁啟超那兒販來的一樣。而翁同龢為此在守舊派眼中逐漸被視為異己，不斷受到排斥。

我曾祖遇到的、最值得一提的是這樣一件事：他在任禮部尚書時正趕上西太后（慈禧）和光緒皇帝先後「駕崩」。作為主管禮儀、祭祀之事的最高官員，在西太后臨終前要晝夜守候在她下榻的樂壽堂（據史料記載當作儀鸞殿）外。其他在京的、夠級別的大臣也不例外。就連光緒的皇后隆裕（她是慈禧那條線上的人）也得在這邊整天伺候着，連梳洗打扮都顧不上，進進出出時，大臣們也來不及向她請安，都惶惶不可終日，就等着屋裏一哭，外邊好舉哀發喪。西太后得的是痢疾，所以從病危到彌留的時間拉得比較長。候的時間一長，大臣們都有些體力不支，便紛紛坐在台階上，哪兒哪兒都是，情景非常狼狽。就在宣佈西太后臨死前，我曾祖父看見一個太監端着一個蓋碗從樂壽堂出來，出於職責，就問這個太監端的是什麼，太監答道：「是老佛爺賞給萬歲爺的塌喇。」「塌喇」在滿語中是酸奶的意思。當時光緒被軟禁在中南海的瀛台，之前也從沒聽說過他有什麼急症大病，隆裕皇后也始終在慈禧這邊忙活。但送後不久，就由隆裕皇后的太監小德張（張蘭德）向太醫院正堂宣佈光緒皇帝駕崩了。接着這邊屋裏才哭了起來，表明太后已死，整個樂壽堂跟着哭成一片，在我曾祖父參與主持

下舉行哀禮。其實，誰也説不清西太后到底是什麼時候死的，也許她真的挺到光緒死後，也許早就死了，只是祕不發喪，只有等到宣佈光緒死後才發喪。這已成了千古疑案，查太醫院的任何檔案也不會有真實的記載。但光緒帝在死之前，西太后曾親賜他一碗「塌喇」，確是我曾祖親見親問過的。這顯然是一碗毒藥。而那位太醫院正堂姓張，後來我們家人有病還常請他來看，我們管他叫張大人。

説到這，不能不説説西太后和光緒這兩個人。後人都很同情光緒而痛恨西太后，認為如果當時能把西太后廢掉或幹掉，讓光緒執政，中國就會走向強盛、萬事大吉了。其實不然，光緒是個很無能的皇帝。他生於深宮，長於婦人之手。在西太后的壓制下，不能隨便説，隨便問，隨便做，還要隨時提防被廢。因為已有他的皇儲「大阿哥」溥儁被廢的事情發生過了（據説溥儁後來很潦倒，成天出入後門橋一帶的茶樓酒肆，不知何時默默死去）。所以光緒並不懂國事，更沒有實際有效的管理國事的本領和經驗，也並不真正懂得如何維新變法。在那矛盾重重、內外交困的局面下，即使他上台，也不可能拿出一套行之有效的辦法。

而慈禧這個人卻很厲害，她有手段，有魄力，敢下手。咸豐死後不久，她就敢把當時最有權的宗室領袖肅順在菜市口殺掉。據李越縵（李慈銘）《越縵堂筆記》的記載和分析，慈禧殺掉肅順的根本原因，是因為肅順看不起她，認為她只不過是咸豐的偏宮。她用人有一套，在朝廷上有意不安排自己家族的人，而是用夫家的人。按清制：慈禧做了皇后，她們家的人，如父親、兄弟都可做承恩公，清初封為一等公，乾隆時才降為三等。娘家稱桂公府，當時掌事的人叫桂祥。但實際上，桂公府的人都沒任過什麼要職。當年英法聯軍打到北京後，咸豐皇帝帶着東太后慈安、西太后慈禧及太子同治，逃到熱河。英法聯軍撤出北京後，咸豐明確地吩咐西太后帶着她生的兒子同治回北京，言下之意是自己不準備再回朝執政，而把大權交給西太后和同治了，這也正是西太后日後能獨掌大權的原因。而咸豐最後在熱河自殺了，至於具體怎麼死的不知道。但他指着同治對慈禧特意

説的「你帶着他走吧」的話，用意是再明顯、再清楚不過的了。這恐怕也是史書中缺載的。而同治死後的光緒純粹是個傀儡，指望他能改變中國的局面和命運是不可能的。

慈禧死後葬在東陵。按清制：皇帝死後，他墓室的門就封上了，之後其他的嬪妃就不能與他合葬，而只能單修一座墳墓。後來西太后的墳被軍閥孫殿英盜開了，盜走了無數的珠寶。在此之前，他們先盜了乾隆的墓。這在當時引起了很大的社會反響，尤其引起宗室之人的震怒。載濤寫過專門的文章記載過這一事件，我在《世載堂雜憶》中還讀過徐埴、陳儀等人的有關文章，文中記載盜墓後，慈禧的遺骨被赤裸裸地扔在棺材蓋上。解放後我也去參觀過乾隆陵和慈禧陵，才知道皇室的棺材是怎樣的情景。一般滿人的棺材是平頂的，順着兩個坡下來，前邊有一個葫蘆，釘在合葉上，打開後上邊可以掛貂皮，這當然要夠等級才行。而陵墓裏的棺材實際上就是一個長方形的大躺箱，裏邊可放置袍褂衣物，外面沒有其他的裝飾。出殯時現拿木頭片釘在棺材外，使兩邊呈坡狀，而到了陵墓內，就只保留躺箱了。翁同龢的日記曾有詳細的記載，其中即說到東太后慈安死後就是裝在躺箱裏的。

慈禧的諡號是「慈禧端佑康頤昭豫莊誠壽恭欽獻崇熙皇太后」，墓中還有一小牌位，寫着「配天興聖」四個字，《清史稿》缺載。難為他們是怎麼想的，幾乎把所有好詞都用上了。我前面引用過我文章中的一段話：「後世秉筆記帝王事跡之書，號曰『實錄』……實錄開卷之始，首書帝王之徽號，昏庸者亦曰神聖，童騃者亦曰文武，是自第一行即已示人以不實矣。」西太后雖不是昏庸、童騃的問題，但加上如此多的桂冠，這也是「實錄」不實的典型例證之一。

我的大曾祖溥善襲奉國將軍，沒下過科場，也沒做過什麼大官。我的三曾祖，也襲奉國將軍，他和我曾祖一樣，也決心走科考道路，靠自己的努力走上仕途。但他覺得自己的漢文不行，便習滿文，考武舉，補滿缺，後來他還主考過滿文，最後官至翰林。

▶ 清東陵

▶ 清東陵墓室

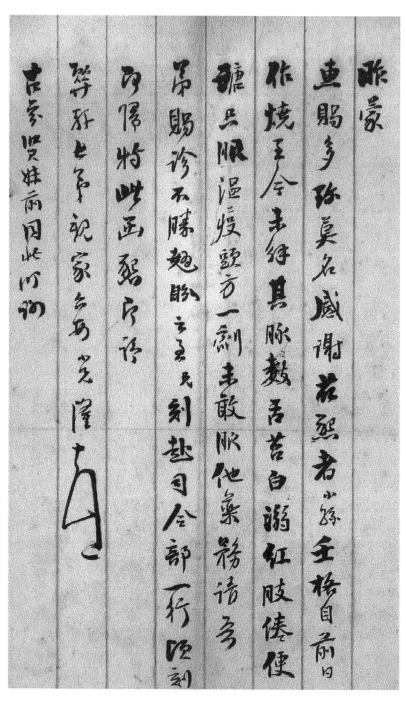

酢蒙

重賜多珍莫名感謝若熙者小孫壬楷自前日

作燒壬令本綠其脈數舌苔白潮紅肢倦便

結兼眼溫煖題方一劑本敢服他藥務語弟

屬賜診不勝翹盼云云刻赴司令部一行頃刻

丙偶特此函謝厚誼

等孫七叔祝家合安此

吉亭賢姪前同此叩謝

隆

我的祖父這一代兄弟共五人，祖父毓隆行大。二叔祖名毓盛，他有個孩子，我管他叫五叔，小時常在一起玩，後來不知怎的就死了。三叔祖和四叔祖都夭折。五叔祖名毓厚，後過繼給我大曾祖。他有三個兒子，二兒子活到解放後，三兒子在「文革」中服毒自殺了。還有六叔祖毓年。我的祖父更沒有爵位可依靠，在我曾祖的影響下，也走了靠科考博取功名的道路。他十八歲中舉，二十一歲考上翰林，任過典禮院學士、安徽學政、四川主考等職，善書畫。二叔祖毓盛也做過理藩院部曹一類的中下級官員。後來得瘟疫，他憑懂點醫術，自己開藥。據說有一味石膏，要講究配伍，他搞錯了，結果服藥後不久就死了。

我外祖的家系要從外高祖賽尚阿談起。他是蒙古正藍旗人。他是個能文能武的人，中過舉，曾任過內閣學士、理藩院尚書，又授予過頭等侍衛，任過欽差大臣，到天津負責防治海疆，統帥過最新成立的洋槍隊，因訓練有素，受到過嘉獎。最後官至步軍統領，協辦大學士。後來洪秀全在廣西起事，朝廷就派他為欽差大臣前往鎮壓。他與洪秀全等人從廣西一直轉戰到湖南。開始，還有些戰功，但當時的農民軍正處於方興未艾、蓬勃

▲ 啟功祖父毓隆的扇面

發展的時期，勢如破竹，臨時拼湊的官軍自然難以抵擋。在後來的永安戰役、長沙戰役中便連連失利。朝廷怪罪下來，革職押解進京，經會審，「論大辟，籍其家，三子並褫職」。而他自己的辯解是不忍在戰場上殺人太多。這說明他終究是一個寬厚的人，但戰場上的事實在說不清。後來幸虧有人為他說情，才得以釋放，發配戍邊過，又訓練過察哈爾的蒙古兵，最後授了一個正紅旗蒙古副都統。

他有五個兒子。大兒子和四兒子的情況我不知道。他二兒子一家住在西北時，全都讓阿古柏殺了。後來，朝廷派左宗棠前去鎮壓，把阿古柏一直趕到了沙俄。有一位史學家寫過一本書叫《回民起義》。主題是把阿古柏當做農民起義加以歌頌。那時有一種普遍的觀點：凡是反朝廷起事的都是農民起義，阿古柏也如此，應該歌頌。寫好後，他託陳垣老校長國慶節上天安門時帶給毛主席。後來此書就銷聲匿跡了。據說外交部曾明文指示，阿古柏算分裂分子，而不能算農民起義。後來我在西單商場一間賣處理書的舊書店裏看到滿書架都是《回民起義》。看來對歷史問題的評價確實應該慎重。

三兒子名崇綺（yǐ），也就是我的三外曾祖。崇綺和崇綺一家非常富有傳奇色彩。崇綺也決心走科舉之路。但他參加考試時，由於父親賽尚阿剛判過大罪，也算有「歷史問題」和「家庭出身問題」，所以不能參加官卷考試，而只能參加民卷考試。按清制：凡高級官員子弟參加科舉考試，都要另編字號，另加評定，按比例單獨錄取，試卷上都注有「官」字，名為「官卷」。民卷則為一般試題。他學問很好，卷子上的文章作得也好，字寫得也很漂亮。遞上去的前十本內，就有他的，主考官也不知道這裏面有旗人。因為按祖宗傳下來的規矩，凡是旗人是不能取為三甲的，三甲要留給漢人，為的是以此籠絡漢族知識分子，這也算是清朝比較開明的民族政策和「統戰」政策吧。閱卷官把選出的前十本按次序呈給同治皇帝觀覽。第一本就是我三外曾祖崇綺的。如前所述，這第一本就應該是狀元。但同治看完後，才知道這是崇綺的卷子。錄取吧，於規矩不合，因為他是旗人，又是罪人之子；不錄取吧，又明明考第一，並無任何作弊的嫌疑，於崇綺本人

一點責任都沒有。同治十分為難，便找來大學士靈桂、瑞常等人商議。靈桂認為，這雖不合規矩，但絕不是有意為之，純屬偶然巧合，不妨把它視為科考佳話。於是同治法外開恩，錄取崇綺為狀元，授予修撰之職。按：新科進士一般授予官職中的編修、修撰和檢校三種職務，編修相當於今天的編審，修撰相當於編輯，檢校相當於校對。崇綺是清朝開國以來，旗人第一位由民卷而考中的狀元。《清史稿》說：「立國二百數十年，滿蒙人試漢文而授修撰者，只崇綺一人，士論榮之。」後來官至內閣大學士，還做過大阿哥溥儁的師傅，可惜大阿哥後來被廢，要不然他就當上太傅了。

　　崇綺的女兒是同治的皇后，封號為孝哲皇后。崇綺自然也被封為三等承恩公。後來同治病死，西太后總遷怒於她，認為是她沒伺候好同治，對她百般挑剔，處處為難，十分蠻橫。她覺得實在沒有活路了，就想自殺，又找不到自殺的辦法，就把父親崇綺叫去，商量怎麼辦。崇綺跪在簾子外——這是宮裏的規矩，女兒做了皇后，父親見她也要行君臣大禮——問她：「不吃行不行？」她說：「行。」於是最後決定採取絕食而死的辦法。

▲ 啟功外高祖賽尚阿的墨跡（後附啟功跋）

外高祖鶴汀相國諱寶尚阿蒙古
阿魯特氏行誼具詳清史暮年家
居雅好臨池日課小楷固不畫精
妙海內流傳以功所見每一滌革
行輩之作莊敬日強先哲之言固
不我欺也　　啟功敬觀謹頌

▲　啟功跋

試想這是一幕多麼慘不忍睹的情景：女兒沒有活路，又無人救助，請來父親，父親不但束手無策，還要跪倒在封建禮教前，替女兒出主意怎樣去死。這真稱得上是「君讓臣死，臣不敢不死」的典型了。崇綺女兒絕食幾天後，西太后曾看過她一回，給她調了一匙杏仁粥，她不敢不喝。這樣又多活了兩天，最後還是悲慘地餓死了。但史書上又是怎麼記載的？《清史稿》居然説「初，穆宗崩，孝哲皇后以身殉，崇綺不自安，故再引疾（稱病）。」明明是被迫自殺，卻説是「以身殉」；既然是以身殉，那就是大「節烈」，父親又何必「不自安」地引退？這不明明是瞪着眼睛説瞎話嗎？唉，歷史書啊，真不能隨便相信。

還有更悲慘的事情。八國聯軍打向北京時，崇綺算是護駕，隨着西太后一直逃向西安。為西太后趕車的把式叫楊始（音）。他不敢像一般車伕那樣坐在車的跨沿上，只能在地上小心地拉着牲口，就這樣一直拉到西安。後來回到北京，西太后竟賞他一個四品頂戴。我三外曾祖自己坐的車，走到保定附近車軸斷了，只好住在保定的蓮池書院。這時，他接到一封家信，打開一看是他兒子鄭重其事寫的《叩辭嚴親稟》。他的兒子叫葆初，我母親叫他「葆大叔」。原來八國聯軍攻佔北京後，他和母親未能帶全家護駕西太后，覺得像自己這樣皇親國戚的身份，應該遵循「主辱臣死」的古訓，再加之崇綺是傾向義和團的，而這時慈禧由利用義和團轉而出賣義和團，於是崇綺的妻子和兒子葆初決定帶全家自殺殉國。他們選的是一個叫朝陽洞的地窖，它具體在哪兒，我到現在也不清楚。他們挖了兩個地窖，分男女層層躺到裏面，下面鋪上褥子，上面蓋上單子，然後讓人層層埋上土，等於自我活埋，全部被悶死。事後挖開安葬，還能看到因窒息而掙扎的痛苦的樣子，十分恐怖。在自殺前，葆初給遠隨西太后避難的父親寫了這封信，報告了母親和自己的決定。崇綺接到這封信後，知道全家死得如此慘烈，真是肝腸寸斷，痛不欲生。加上自己因車壞，再也無法趕上西太后，便在窗戶棱上上吊自殺了。這樣一來，我三外曾祖一家全都死光了。八國聯軍攻進北京後，確實有大量的王公貴戚自殺殉國，對這種現象如何

評價，我一直想不清楚，也就不好妄加評論了。事變平息後，西太后回到北京，給了崇綺很高的優惠待遇，以奉旨進京的名義，恩准把他的靈柩運回北京發葬，靈柩前放着一隻白公雞，稱領魂雞。我三外曾祖生前和翁同龢過往密切，我現在還保留着幾封他給翁同龢的手劄。

我外高祖的五兒子，叫崇綱，就是我的外曾祖，他精通滿文，做過駐藏幫辦大臣。他由西藏回來後住在香餌胡同。我的外祖和三外祖，都是他的兒子。我的三外祖叫克誠，也懂滿文和蒙文，他在我三曾祖主考時，還發現他出的滿文題目有錯誤。後來曾擔任過咸安宮的滿文教習。我的外祖叫克昌，他的二伯父一家讓阿古柏都殺了，他便繼承了他二伯父的爵位，由於他二伯父算是陣亡將士，所以從優封他為騎都尉和雲騎尉雙重職位。我的外祖母死後，外祖精神上受到很大打擊，他一直把外祖母生前住的屋子鎖着。直到他故去以後，別人才打開，裏邊亂七八糟的。這時，家裏只剩下我母親孤零零的一個人了。後來就把她送到我三外祖家去過。我三外祖從精神上很體貼她，特意吩咐自己的孩子，即我的姨、舅等，都管她叫「親姐姐」，免得她有孤獨疏遠、依傍他人的感覺。我的三外祖在民國前後曾在「瀛貝勒」（溥雪齋的父親）府教家館，也在我們家教書。學生只有兩個，一個是我八叔祖，一個是我父親。當時，我的八叔祖已定婚，而我的父親還沒有。於是他就把寄居在他家的我的母親許配給他。但沒想到我父親有肺病，當年那可是絕症。所以母親過門一年後生了我，第二年父親便過世了。

我的母親命真苦。在娘家時孤單單的，沒有兄弟姐妹，父母死得又早。後來又嫁給我孤單一人的父親，不想丈夫又很快死去，又變成孤寡一人。我父親是獨生子，只有一姐一妹，即我的大姑和二姑。我的大姑早早出嫁，二姑叫恆季華，早年也定下婚事，沒想到男方早早死去。按當時最嚴格的封建制度，既已許配，就不許再嫁，於是我二姑就成了「望門寡」，更是一個苦命的人。她許配的那一家也是我們的熟人，有時我們去串門，她也要有意地迴避。其實古人在婦女再嫁的問題上並沒有那麼多的清規戒律，再嫁是很平常的事，比如眾所周知的李清照。可笑的是不但有些古

人，甚至有些現在人，還在責備李清照的再嫁，認為這是她人生的一個污點或遺憾；有些人雖不這樣正面譴責，卻在極力地為李清照「辯誣」，説她並沒有改嫁，思想深處還是認為改嫁是一件不光彩的事。其實，這在宋代是常見的事。這都是程朱理學及其後代末學對婦女變本加厲的迫害，也是我最反對朱熹之流的原因之一。民國後，這種制度雖然有所鬆懈，但我的姑姑年齡也大了，於是她終身未嫁，決心幫助我母親一起撫養我這個兩代單傳的孤兒。

後來，我用自己第一份薪水買的第一部書，是清人汪中（容甫）的《述學》。為什麼單買這一部呢？因為我小時候，就從別人那裏看到過這部書，知道汪中和我有同樣的經歷和同樣的感觸，從內心裏引起我深深的共鳴。汪中也是早年喪父，家中貧困到母親不得不帶着他討飯的地步，每到寒夜時，母子只得相抱取暖，不知是否能活到天亮。汪中在給汪劍潭的信中曾動情地説過這樣的意思：大凡為寡婦者多長壽，但等到兒子大了，能供養母親時，即使有參苓粱肉也無補於她即斃之身了。他還痛切地譴責過夫死婦不得再嫁制度的不合理性。這一切都與我有同感，使我十分感動。我在《論書絕句》一百首中的第八十九首寫道：

持將血淚報春暉，文伯經師世所稀。
禊帖卷中瞻墨跡，瓣香應許我歸依。

▲　啟功紀念汪中的詩

這首詩就是紀念汪中的，文伯經師都是指他。《述學》中有汪中的定武本《蘭亭序》跋。《蘭亭序》也稱《禊帖》。我又在詩的下面配上一段文字：「功周晬失怙，先母撫孤備嘗艱苦。功雖亦曾隨分入小學中學，而魯鈍半不及格。十六七始受教於吳縣戴綏之師，獲聞江都汪容甫先生之學。旋於新春廠甸書攤上以銀幣一元購得《述學》二冊，歸而讀之，其中研經考史之作，率不能句讀，而最愛駢儷諸文。逮讀至與汪劍潭書，淚涔涔滴紙上，覺琴台、黃樓諸篇又不足見其至性者焉。」2002 年我應邀到揚州講學訪問，曾專程到汪中的墳前恭恭敬敬地鞠了三個躬。汪中墓碑上的「大清儒林汪君之墓」是由伊秉綬所題。墓地在一個很偏僻的地方，大概正因為此，「文革」中才倖免於難。

▼　汪中墓

幼罹窮罰　多能鄙事　價春牧承一飽

無時久歷艱　毛生人道秊於山阤水極目

傷心藥裹買心負薪永曠鰥魚嗟至

不瞑桐枝惟餘半生莘者自歌非以佀

聽目瞑之儁聊復尒之

汪容父先生自序之節文
後學啟功錄以自屬

▲　啟功書汪中自序

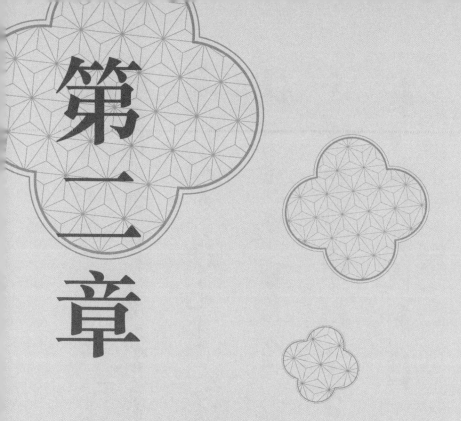

第二章

我的童年和求學之路

除了接受家庭教育之外，上小學之前，我也讀過舊式私塾。先
在後胡同一親戚家的私塾裏跟着讀，後來又跟着六叔祖搬到土
兒胡同，對面是肅寧府，那裏也設過私塾，我在那兒也讀過。
當時那裏有一個教四書五經的，一個教英語的，也稱得上是中
西合璧了。

一、童年生活

我生於民國元年農曆六月十三日，即公元 1912 年 7 月 26 日。這是一個
風雲巨變的年代。

前一年（辛亥年）爆發了辛亥革命，清王朝隨之滅亡，中國從帝制走
向共和。也就是說，我雖「貴」為帝冑，但從來沒做過一天大清王朝的子
民，生下來就是民國的國民。所以我對辛亥革命沒有任何親身的感受，只
能承認它是歷史的必然。1981 年紀念辛亥革命七十周年時，有人向我徵題，
我只能這樣寫道：

> 半封半殖半蹉跎，終賴工農奏凱歌。
> 末學遲生壬子歲，也隨諸老頌先河。

辛亥革命之後，中國經歷了大動盪的年代：袁世凱稱帝、二次革命、
護法戰爭、軍閥混戰，中國的共和在艱難中不斷前行。

和「國」的命運緊緊相連，我的「家」也在經歷着多事之秋。

我的父親恆同在我剛剛一周歲的時候，即 1913 年 7 月就因肺病去世了。當時還不到二十歲，所以我對他一點印象也沒有。那是我第一回當喪主，儘管我一點事也不懂。據說，因為父親尚未立業，沒有任何功名，所以不能在家停靈，只能停在一個小廟裏，在那裏給他燒香發喪。如果說我家由我曾祖、祖父時已經開始衰落的話，那從我父親的死就揭開迅速衰敗的序幕。那時，我祖父雖還健在，但他已從官場上退了下來。我的曾祖和祖父都沒有爵位可依靠，都是靠官俸維持生活。清朝的正式官俸是很有限的，所以官員要想過奢侈的生活只能靠貪污，這也正是當時官場腐敗的原因之一。但我的曾祖和祖父本來都很廉潔，再加之所做的多是清水衙門的學官，所以家中並沒有什麼積蓄，要想維持生活就必須有人繼續做官或另謀職業。現在家中惟一可以承擔此任的人，在還沒有闖出任何出路時，突然去世了，這無疑有如家中的頂樑柱突然崩塌，無論在經濟上、精神上都給全家人巨大的打擊。

首當其衝的當然是我的母親。她在娘家就是孤單一人，後來還不得不寄居在別人家。好不容易盼到有了自己的家和自己的親人，不管我父親日後能取得多大的功名和事業，能掙多少錢，總算有一個踏踏實實的依靠，現在這個屬於自己的依靠突然又沒了，又要過一種新的寄人籬下的生活：

公婆當然不會讓她餓着、凍着，特別是又為他們生下了一線單傳的孫子，但每月能得到的至多是幾吊錢，而面臨的將是無邊的孤獨與苦難，那日子的悲慘與艱辛是可想而知的。於是她首先想到的是死，哭着喊着要自殺，我的祖父怎麼勸，她也不聽，最後只能用我來哀求她：「別的都不想，得想想自己的兒子和我的孫子吧，他還得靠你撫養成人啊！」這樣她才最終放棄了一死了之的念頭，決心為我而苦熬下來。

一個家族到了這份上，往往會發生一些怪現象。當然，如果仔細追究，這些現象可能都有一定的緣由，但問題是，到了那份上，恐懼籠罩在每一個人心頭，誰也顧不上、來不及去追究了。正如《紅樓夢》在描寫寧國府衰敗時有一段奇異現象的描寫，寫得鬼氣拂拂（按：原文如下）：

> （中秋夜）賈珍……在匯芳園叢綠堂中，帶着妻子姬妾……開懷作樂賞月。將一更時分，真是風清月白，銀河微隱。……那天將有三更時分，賈珍酒已八分，大家正添衣喝茶，換盞更酌之際，忽聽那邊牆下有人長歎之聲。大家明明聽見，都毛髮悚然。賈珍忙屬聲叱問：「誰在那邊？」連問幾聲，無人答應。……一語未了，只聽得一陣風聲，竟過牆去了。恍惚聞得祠堂內隔扇開闔之聲，只覺得風氣森森，比先更覺淒慘起來。看那月色時，也淡淡的，不似先前明朗，眾人都覺毛髮倒豎。……次日……細察祠內，都仍是照舊好好的，並無怪異之跡。……

我想讀者看了這段描寫，誰也不會認為曹雪芹在這裏宣揚迷信。我聽説，我父親死後家裏也出現了一些怪異的事，也請讀者能正確理解：這些事説明我們家那時緊張到什麼程度。

我們當時住在什錦花園一個宅子的東院，我父親死在南屋。南屋共三間，西邊有一個過道。我父親死後誰也不敢走那裏，老傭人要到後邊的廁所，都要結伴而行。據她們説，她們能聽到南屋裏有梆、梆、梆敲煙袋

的聲音，和我父親生前敲的聲音一樣。還有一個老保姆說，我父親死後的第二天早上，她開過我父親住的屋子，說我父親生前裝藥的兩個罐子本來是蓋着的，不知怎麼，居然打開了，還有好幾粒藥撒在桌上，嚇得她直哆嗦。也難怪她們，因為這個院裏，除了繈褓中的我，再沒有一個男人了。於是我母親帶着我們搬到我二叔祖住的西院，以為那邊有男人住，遇事好壯壯膽。我二叔祖很喜歡我父親，他住在這院的北屋。搬去的那天晚上，他一邊喝酒，一邊哭，不斷地喊着我父親的名字：「大同啊，大同啊！」聲音很淒慘，氣氛更緊張。到了夜裏，有人就聽到南屋裏傳來和弄水的聲音，原來那裏放着一隻大水桶，是為救火準備的，平時誰也不會動它。後來一件事更奇怪。我二叔祖有一個孩子，我管他叫五叔。他的奶媽好好地忽然發起了瘋癲，裹着被褥，從牀上滾到地上，嘴裏還不斷唸叨着：「東院的大少爺（指我父親）說請少奶奶不要尋死。還說屋裏櫃子的抽屜裏放着一個包，裏邊有一個扁簪和四塊銀圓。」我母親聽了以後，就要回東院找，可別人都嚇壞了，攔着我母親，不讓去。我母親本來是想自殺的，連死都不怕，這時早就豁出去了，衝破大家的阻攔，按照奶媽說的地方，打開一看，果然有一個扁簪和四塊銀圓，跟着看的人都面面相覷，不知所措。其實出現這些怪現象必然有實際的原因，只不過那時大家的心裏都被恐懼籠罩着，一有事就先往怪處想，自己嚇唬自己，風聲鶴唳，草木皆兵了，而這正是一個家族衰敗的前兆。我從小就是在這種環境和氣氛中成長的。

大概和這種心理和氛圍有關，我三歲時家裏讓我到雍和宮按嚴格的儀式磕頭接受灌頂禮，正式歸依了喇嘛教，從此我成了一個記名的小喇嘛（後來還接受過班禪大師的灌頂）。我歸依的師傅叫白普仁，是熱河人。他給我起的法號叫「察格多爾札布」。「察格多爾」是一個佛的徽號，「札布」是保佑的意思。喇嘛教是由蓮華生引入的藏傳密教，所謂「密」，當然屬於不可宣佈的神祕的宗派，後來宗喀巴又對它進行了改革，於是有紅教、黃教之別：原有的稱紅教，改革後的稱黃教。紅教一開始就可學密，黃教六十歲以後才可學密。紅教不禁止男女合和，這和西藏當地的原始宗教相合，黃

▲ 1989年在雍和宮法會上，啟功又坐在童年坐過的墊子上背誦經文

教在這方面就比較嚴格了。我皈依的是黃教，隨師傅學過很多經咒，至今我還能背下很多。

我記憶中師傅的功德主要有兩件。一是他多年堅持廣結善緣，募集善款，在雍和宮前殿鑄造了藏傳黃教的祖師宗喀巴的銅像。這尊佛像至今還供奉在那裏，供人朝拜。二是在雍和宮修了一個大悲道場，它是為超度亡魂、普度眾生而設立的，要唸七七四十九天的《大悲咒》，喇嘛、居士都可以參加，我當時還很小，也坐在後面跟着唸，有些很長的咒我不會唸，但很多短一點的咒我都能跟着唸下來。一邊唸咒，一邊還要煉藥，這是為普濟世人的。我師傅先用笸籮把糌粑麵搖成指頭尖大小的糌粑球，再放在硃砂粉中繼續搖，使它們掛上一層紅皮，有如現在的糖衣，然後把它們用瓶子裝起，分三層供奉起來，外面用傘蓋蓋上。這是黃教的方法，紅教則是掛一層黑衣。那四十九天，我師傅每天晚上就睡在設道場的大殿旁的一個過道裏，一大早就準時去唸咒，一部《大悲咒》不知要唸多少遍。因為這

些藥都是在密咒中煉成的，所以自有它的「靈異」。那時我還小，有些現象還不知怎麼解釋，但確實是我親自所見所聞：有一天，趕上下雪，我在潔白的雪上走，忽然看到雪地上有許多小紅丸，這是誰撒的呢？有一位為道場管賬的先生，一天在他的梅花盆裏忽然發現一粒紅藥丸，就順手撿起，放在碗裏，繼續寫賬，過一會兒，又在梅花盆裏發現一粒，就這樣，一上午發現了好幾粒。等四十九天功德圓滿後，剛揭開傘蓋，一看，滿地都是小紅丸，大家都說別撿了，三天以後再說吧。那些地上的小紅丸大家都分了一些，我也得了一些。這些藥自有它們的「法力」（藥效），特別是對精神疾病和心理疾病。我小時候還聽說過這樣一件事：溥雪齋那一房有一位叫載廉（音）的，他的二兒媳有一段時間神經有點不正常，顛顛倒倒的，他們就把我師傅請來。師傅拿一根白線，一頭放在一碗水裏，上面蓋上一張紙；一頭拈在自己手裏，然後開始唸咒。唸完，揭開紙一看，水變黑了，讓那位二兒媳喝下去，居然就好了。

我道行不高，對於宗教的一些神祕現象不知該如何闡釋，也不想捲入是否是偽科學的爭論。反正這是我的一些親

▲ 啟功為雍和宮撰寫的長聯

眼、親耳的見聞，至於怎樣解釋，我目前很難說得清，但我想總有它內在的道理。其實，我覺得這些現象再神祕，終究是宗教中表面性的小問題。往大了說，對一個人，它可以陶冶人的情操修養。我從佛教和我師傅那裏，學到了人應該以慈悲為懷，悲天憫人，關切眾生；以博愛為懷，與人為善，寬宏大度；以超脫為懷，面對現世，脫離苦難。記得我二十多歲時，曾祖母有病，讓我到雍和宮找「喇嘛爺」求藥。當時正是夜裏，一個人去，本來會很害怕，但我看到一座座莊嚴的廟宇靜靜地矗立在月光之下，清風徐來，樹影婆娑，不知怎地，忽然想起《西廂記》張生的兩句唱詞：「梵王宮殿月輪高，碧琉璃瑞煙籠罩。」眼前的景色，周圍的世界，確實如此，既莊嚴神祕，又溫馨清爽，人間是值得讚美的，生活應加以珍惜。我心裏不但一點不害怕，而且充滿了禪悟後難以名狀的愉悅感，這種感覺只會產生於對宗教的體驗。

對一個多民族、多宗教的國家，正確處理好宗教問題大大有利於國家的安定，人民的團結，民族的和睦。我認識一位宗教工作者，叫劉隆，曾任民委辦公廳主任，他是一位虔誠的穆斯林，又做班禪的祕書，協助他工作，關係處理得非常好，班禪非常信任他。他對其他宗教也非常尊重，絕不作任何誹謗，一切從維護國家和民族的團結安定與共同利益出發。從他身上我們可以看出，真正的宗教徒並不受本宗教的侷限，他的胸懷應該容納全人類。如果所有的宗教工作者都能做到這一點，我想世界就會太平得多。當然，還有一位我特別尊重的宗教工作者，那就是趙樸初老。

再說我的師傅。他在六十多歲時生病了，就住在方家胡同蒙漢佛教會中「閉關」，不久就圓寂了。圓寂後在黃寺的塔窯火化。按藏密黃教的規定，火化時，要把棺材放在鐵製的架子上，棺材上放一座紙糊的塔，鐵架下堆滿劈柴，下面裝着油。火化時只要點燃油即可。全過程要三天。他的徒弟中有一位叫多爾吉（藏語金剛杵之意）的，最後把師傅的遺骨磨成粉，攙上糌粑麵和酥油，刻成小佛像餅，分給大家，我也領了一份，至今還保留在我的箱底裏。別的宗派也有這種習慣，五台山的許多高僧大德死後也

揚帆載月遠相過　佳氣蔥蔥聽誦歌

路不拾遺知政肅　野多滯穗是時和

天分寒暑資吟興　晴獻溪山入醉哦

欲把蟾蜍共研墨　緱牋書盡剪江波

米襄陽诗帖

陳雲誥當年八十五

▲　陳雲誥墨跡

如此，別人也給過我用他們的骨灰刻的佛像餅。

　　總之，自從皈依雍和宮後，我和雍和宮就結下不解之緣。我每年大年初一都要到雍和宮去拜佛。在白師傅圓寂很久後的某一年，我去拜佛，見到一位八十多歲的老喇嘛，他還認得我，說：「你不是白師傅的徒弟嗎？」直到今年，兩條腿實在行動不便才沒去，但仍然委託我身邊最親信的人替我去。現在雍和宮內有我題寫的一幅匾額和一副長聯。匾額的題詞是「大福德相」，長聯的題詞是「超二十七重天以上，度百千萬億劫之中」，這都寄託了我對雍和宮的一份虔誠。

　　我從兩三歲時起，有時住在河北省的易縣。原來，我曾祖從察哈爾都統任上去職後，為表示徹底脫離官場，便想過一種隱居的生活。他有一個門生叫陳雲誥，是易縣的大地主、首富。他曾在我曾祖做學政時，考入翰林，後來又成為著名的書法家，寫得一手好顏體，豐滿遒勁，堂皇大氣，直到解放後，一直在書法界享有盛譽。他願意接待我的曾祖，於是我也常隨祖父到易縣小住。至今我還會說易縣話。現在由北京到易縣用不了兩小時，但那時要用一天，坐火車先到高碑店，然後再坐一種小火車到易縣。我從小身體不好，經常鬧病。而易縣多名醫，因為很多從官場上退下來的老官僚都喜歡退居那裏，於是有些名醫便在那裏設醫館，專門為他們看病。其中有一家很著名的孔小瑜（音，著名中醫孔伯華的父親）醫館，祖父便乘機常帶我到那兒去看病，吃了不知多少服藥，有時吃得嘔吐不止，但始終不見有什麼明顯效果，他們反而說我服藥不當，違背了藥性。所以從小時起，我就對中醫不感興趣。晚年回憶兒時的這段經歷，我曾寫過一首對中醫近似戲謔的詩：

　　　　　　　　幼見屋上貓，啖草瘉其病。
　　　　　　　　醫者悟妙理，梯取根與柄。
　　　　　　　　持以療我羸，腸胃嘔欲罄。
　　　　　　　　復診脈象明：「起居違藥性。」

現在有人捧我為國學大師，他們認為既然是國學大師，一定深信國醫，所以每當我鬧病時，總有很多人向我推薦名中醫、名中藥，殊不知我對此一點興趣也沒有。經過長期的總結，我得出兩條經驗：在中醫眼裏沒有治不好的病，哪怕是世界上剛發現的病；在西醫眼裏沒有沒病的人，哪怕是體魄再健壯的人。當然，這僅是我的一己之見，我並不想、也無權讓別人不信中醫。

二、入學前後

我十二歲才入正規的小學，但這不等於說我十二歲才學文化。我的啟蒙老師是我的姑姑和我的祖父。

我對姑姑非常尊敬，旗人家沒出嫁的姑娘地位很高，而我姑姑又決心終身不嫁，幫助我的寡母撫養我，把自己看成支持這個家的頂樑柱、男人，所以我一直管她叫爹爹。作為家長，她明白，要改變我和我家的窘狀，首先要抓對我的教育和培養，使我學有所成。我姑姑雖然沒有太高的文化，但還是想盡一切辦法，盡力教我一些簡單的知識，比如把常用字都寫在方寸大的紙片上，一個個地教我讀寫，有如現在的字卡教學，雖然不十分準確，但常用字總算都學會了。

我的祖父特別疼愛我，他管我叫「壬哥」。我從小失去父親，所以他對我的教育格外用心。我祖父的字寫得很好，他又把常用字用漂亮標準的楷書寫在影格上，風格屬於歐陽詢的九成宮體，我把大字本蒙在上面，一遍一遍地描摹，打下了日後學習書法的基礎。這些字樣我現在還留着。他還教我唸詩。至今我還清楚地記得他用一隻手把我摟在膝上，另一隻手在桌上輕輕地打着節拍，搖頭晃腦地教我吟誦東坡《遊金山寺》詩的情景：

▲ 啟功十歲時與祖父（左）和姑姐丈合影

我家江水初發源，宦遊直送江入海。

聞道潮頭一丈高，天寒尚有沙痕在。

中泠南畔石盤陀，古來出沒隨濤波。

……

江山如此不歸山，江神見怪警我頑。

我謝江神豈得已，有田不歸如江水！

　　他完全沉醉其中，我也如此，倒不是優美的文辭使我沉醉，因為我那時還小，並不理解其中的含義，我祖父也不給我逐句逐字地解釋，但那抑揚頓挫的音節征服了我，我像是在聽一首最美麗、最動人的音樂一樣，這使我對詩產生了濃厚的興趣。如果說我日後在詩詞創作上取得了一定成績，那麼，可以說是詩詞的優美韻律率先引領我走進了這座聖殿。當然隨着學歷與閱歷的增加，我對這樣的詩也都有了深刻的理解，所以這些詩我至今仍能倒背如流。祖父所選的詩有時顯然帶有更深的寓意。我記得他教我讀過蘇軾的《朱壽昌郎中，少不知母所在，刺血寫經，求之五十年，去歲得蜀中，以詩賀之》：

嗟君七歲知念母，憐君壯大心愈苦。

羨君臨老得相逢，喜極無言淚如雨。

不羨白衣作三公，不愛白日升青天。

愛君五十着彩服，兒啼卻得嘗當年。

……

　　這首詩後面還有很多典故，前面的這些描寫與我的具體情況也不盡相合，但祖父的用心是非常明顯的，我也是十分清楚的，就是叫我從小知道當母親的不易，應該一直熱愛母親。這樣的詩，我怎敢不終身牢記呢？

　　還有對我產生深刻影響的，就是他經常讓我看他畫畫。我至今還清楚

地記得當時的情景和感觸：他隨便找一張紙，或一個小扇面，不用什麼特意的構思安排，更不用打底稿，隨便地信手點染，這裏幾筆，那裏幾筆，不一會兒就畫好一幅山水或一幅松竹。每到這時，我總睜大眼睛，獃獃地在一旁觀看，那驚訝、羨慕的神情，就像所有的小孩子看魔術表演一樣，吃驚那大活人是怎麼變出來的？在我幼小的心靈裏，我覺得這是一件最令人神往、最神祕的本領。因此從小我就萌發要當一個畫家的想法。我想，能培養人的興趣，激活人的潛質，激勵人的志向的教育才是最成功的教育。我雖然沒有直接跟我祖父學繪畫的技巧和筆法，但我學到了最重要的一點——愛好的發現和興趣的培養，這是最重要的，這就足夠了。

除了接受家庭教育之外，上小學之前，我也讀過舊式私塾。先在後胡同一親戚家的私塾裏跟着讀，後來又跟着六叔祖搬到土兒胡同，對面是蕭寧府，那裏也設過私塾，我在那兒也讀過。當時那裏有一個教四書五經的，一個教英語的，也稱得上是中西合璧了。但我們家屬於舊派，不能跟着唸外語，學洋學。進私塾先拜「大成至聖先師孔子之位」，還要拜主管文運的魁星。一般的教學過程是先檢查前一天讓背的背下沒有，背下來的就佈置點新內容接着背，沒背下來的要捱打，一般打得都不重，有的不用板子，就用書，然後接着背，直到背會為止。小孩子的注意力不能長期集中，背着背着就走神發愣，或說笑玩耍起來，這時老師就會大聲地斥責道：「接着唸！」那時，我屬於年齡最小的，只好從《百家姓》讀起，比我年齡大的就可以讀《四書》《五經》了。有時，我看他們背得挺熱鬧，便模仿着跟他們一起背，但又不知道詞兒，就嗚嚕嗚嚕地瞎哼哼。這時，老師就過來拿書照我的頭上輕輕地打一下，訓斥道：「你背的這是什麼啊？淨跟着瞎起鬨！」諸如此類的淘氣事，我也沒少幹過。不過，有的老師也懂得「教學法」。我有兩個叔叔，一個用功，背得很好，淨得老師誇獎；一個不用功，背不下來，淨捱罰。老師就指着他對我說：「你看，像他那樣不用功，怎麼背得下來，就得捱罰！」這種現身說法，有時還真對我有些激勵作用，但日久天長也就失效了。

我十歲那年，是家中生活最困難的時候。大年三十夜，我的曾祖父去世，按虛歲，剛進七十。本應停靈二十一天，但到第十八天頭上，我那位吃錯藥的二叔祖也死了（見前），結果只停了三天，就和我曾祖一起出殯了，俗稱「接三」。而在我曾祖死後的第五天，即大年初四，他的一位兄弟媳婦也過世了。三月初三，我續弦的祖母又死去，七月初七我祖父也病故。不到一年，我家連續死了五個人，而且都是各人因各人的病而死的，並非趕上什麼瘟疫，實在是有些奇怪，要說湊巧，也不能這麼巧啊！如果說十年前，父親的死揭開了我家急速衰敗的序幕，那麼這一年就是我家急速衰敗的高潮。我真正體會到什麼叫「呼啦啦如大廈傾」，什麼叫「家敗如山倒」，什麼叫「一發而不可收拾」。我們不得不變賣家產——房子、字畫，用來發喪，償還債務，那時我家已沒有什麼特別值錢的東西了，我記得賣錢最多的是一部局版的《二十四史》。十年前我父親死，我是孝子，現在曾祖死，我是「齊衰（zī cuī）五月曾孫」，即穿五個月的齊衰喪服——一種齊邊孝服。祖父、祖母死，我是獨長孫，在發喪的時候，我都要做喪主、「承重孫」，因此我在主持喪事方面有充分的經驗。但這對於一個十歲的孩子，精神上的負擔和打擊也過於沉重了！

　　凡沒落的封建大家庭有一個通病——老家兒死後，子孫都要變着法兒地鬧着分財產。我家雖已是山窮水盡了，但也不能免此一難。發難的是我的六叔祖，他的為人實在不敢恭維，我曾祖活着的時候常罵他「沒來由」。他找上門來，興師問罪，對我祖父說：「父親死後，母親（續弦的）把家中值錢的東西都變賣了，錢都歸了你們大房，這不行。」我祖父氣壞了，向他連解釋帶保證，說：「母親什麼東西也沒給我們留下，我也從來不問她財產的事，更不用說私下給我們錢了。」我六叔祖還不依不饒，指着祖父屋裏牆上掛的一張畫說：「這張畫不就是值錢的古玩字畫嗎？」這可真應了我曾祖的那句話：「沒來由。」這張畫掛在那兒不止一兩年了，又不是現在才分來的。再說，大家都知道它是一張仿錢穀的贗品，而且贗得沒邊兒。我祖父氣憤地向他嚷道：「你要是覺得它值錢，你就拿走好了！」我六叔祖

還真的讓跟着來的手下人蹬桌子上板凳地給摘走了。手下人摘走後，就剩下我祖父和我六叔祖兩個人，我祖父氣得直哆嗦，指着他發誓道：「我告訴你，你就有一個兒子，我就有一個孫子。如果我真的私吞了財產，就讓我的孫子長不大；如果我沒私吞財產，你就是虧心，你的兒子也不得好死！」在那個時代，親兄弟倆，特別是每家只有一個獨苗時，設下如此惡咒，真是豁出去了，不是爭吵到極點，絕不會發這樣的毒誓。後來，我祖父就因此而一病不起，七個月後也故去了。這七個月裏，他動不動就哆嗦，這顯然是和我六叔祖爭吵後落下的病根。他死在安定門內的方家胡同。臨死前，還特意把我叫到牀前叮囑了兩件事：一件就是告訴我如何跟我六叔祖吵架打賭，意在勉勵我以後要自珍自重，好自為之；另一件就是叮囑我「絕不許姓金，你要是姓了金就不是我的孫子」。我都含淚一一記下了。

不到一年連續死了這麼多人，但對我打擊最大、最直接的是祖父的死。我父親的死，使我母親和我失去了最直接的指望，但好在還有我祖父這層依靠，他衝着自己惟一的親孫子，也不能不照管我們孤兒寡母。現在這層依靠又斷了，而且整個家族確實到了山窮水盡的地步。我們生活的最基本保證——吃飯和穿衣都成了最實際的問題。也許真的是天無絕人之路吧，這時出現的真情一幕讓我終生難忘。

原來，我祖父在做四川學政時，有兩位學生，都是四川人，一位叫邵從熄，一位叫唐淮源。他們知道我家的窘況後，就把對老師的感激，報答在對他遺孤的撫養上。他們帶頭捐錢，並向我祖父的其他門生發起了募捐，那募捐詞上的兩句話至今讓我心酸，它也必定打動了捐款人：「孀媳弱女，同撫孤孫。」孀媳是指我的母親，弱女是指那沒出嫁、發誓幫助我母親撫養我的姑姑。結果共募集了 2000 元。邵老伯和唐老伯用這 2000 元買了七年的長期公債，每月可得 30 元的利息，大體夠我們一家三口的基本花銷了。而邵老伯和唐老伯就成了我們的監護人。我祖父死後，家族裏的人，覺得家裏沒個男人，單過有困難，便讓我們搬到我六叔祖那裏，我們雖然不喜歡他，但也不好回絕族裏的好意，便搬過去單過。邵老伯和唐老伯也

親秋盦主訓正

夫人許昌陳氏開府儀同金紫光祿大岐州
使君西都公豐德之長女也辭明飛鳳則四
世其昌天縱德星則三君顯号　螢賓碑

皆是軒姬揆蔬蕣袞之孤挺晉魏九域磐根
之棵楝骰炳皇朝飛督齊室　劉碑造像
至若鹿野高談宷方等
開府鷲山巘說㹸波若之
深源飛樓涌塔之奇龍華寺爭

目奏龍趂胄赤鳥降祥磬
石相連犬牙交錯長源遠
葉蘇衍不窮　劉懿碑

言惟然世尊顧樂間佛吉舍利弗如是妙法　蓮華紅
佛如是增上慢人退爪往矣汝今善聽當為汝說舍利弗
余時佛吉舍利弗我今此眾无頂拔業純有貞實舍利弗

黃龍表瑞驗兆漳濆玉　珪跡奧壤成茂維城蕣　楚澤之雕雲紫淮南之　仙氣苦華孚美支安郡
虎盒雞桓綸宇霖曾子　建碑
言表身父慎樞機於自遠行成主則摁枝棄柯
富年超越女之工五技宣傳其術　礀府君碑

唐淮源學臨

▲　唐淮源先生墨跡

不把公債交給我六叔祖，一開始每月還帶着我六叔祖和我一起去取利息，表明他們秉公從事，只起監護作用，後來就只帶我一個人去。我從十一歲到十八歲的生活來源以至學費靠的就是這筆款項了。邵、唐二位老伯不但保證了我們的經濟來源，而且對我的學業也十分關心。邵老伯讓我每星期都要帶上作業到他家去一趟，當面檢查一遍，還不時地提出要求和鼓勵。有時我貪玩兒，忘了去，他就親自跑上門來檢查。我本來就知道上學的機會來之不易，再加上如此嚴格的要求，豈敢不努力學習。唐老伯那時經常到中山公園的「行健會」跟楊派太極拳的傳人楊澄甫練習太極拳，我有時也去，唐老伯見到我總關切地詢問我的學業有什麼進步。一次，我把自己剛作的、寫在一個扇面上的四首七律之一呈給他，詩題為《社課詠春柳四首擬漁洋秋柳之作》：

> 如絲如線最關情，斑馬蕭蕭夢裏驚。
> 正是春光歸玉塞，那堪遺事感金城。
> 風前百尺添新恨，雨後三眠殢宿醒。
> 淒絕今番回舞袖，上林久見草痕生。

這首詩寫得很規整，頗有些傷感的味道，不料，唐老伯看到我的詩有了進步，竟感動地哭了，一邊哭，一邊說：「孫世兄（這是他對我客氣的稱呼）啊，沒想到你小小的年齡就能寫出這樣有感情的好詩，你祖父的在天之靈也會高興的。不過，你不要太傷感了，你要保重啊。」聽了他的一番話，我也感動得潸然淚下，那情景今天還歷歷在目。這都激勵我要更好地學習，來報答他們。邵老伯和張瀾是同鄉，他學佛、信佛，主張和平，有點書獃子氣，後來也成為一位著名的民主人士。為和平建國之事，他曾和蔣介石發生過激烈的爭吵，氣得蔣介石直拍桌子，說他是為共產黨說話，為此，他又氣，又急，又怕，不久就病死了。他有兩個兒子，一個叫邵一誠，一個叫邵一桐，邵一桐也篤信佛教，自己印過《金剛經》，還給我寄

過兩本，現在都在成都工作。而唐老伯的結局很悲慘，解放戰爭中，在四川竟失蹤了，不知是死於戰亂，還是死於其他原因。成為美談的是，邵一桐後來和唐老伯的女兒，當時大家都管她叫唐小妹，結為夫妻，生有兩個孩子，其中的邵寧住在北京，他秉承了祖父、父親的信仰，對佛學也有很深的修養。我還在某年的春節去看望過他們。後來我聽説邵一誠先生得了病，便兩次特別囑託四川來的朋友給他捎去一些錢表示慰問。

我十二歲才入小學，在入學前還發生過一件近似鬧劇的事情，這也能從側面反映出當時的社會狀況，不妨説一説。

1924 年，馮玉祥率部發動北京政變，按優待條件在故宮內苟延殘喘的宣統小王朝，面臨隨時被掃地出門的命運。這時溥儀和他的一幫遺老雖仍生活在故宮裏，繼續在彈丸的高牆之內稱帝，實際上一點權力都沒有了，只能管理他的宗室了，因此還設有宗人府，而地點卻在美術館西南一帶，即後來的孔德中學的東廂房。當時宗人府的左司掌印叫奕元，他查我家檔案，知道我曾祖、祖父因下科場而主動放棄了封爵，我父親死得又早，還來不及封爵號，看我可憐，趁着現在還沒被趕走，掌點權，便讓我襲了爵號，封我一個三等奉恩將軍。這當然是有名無實的虛名，一文錢、一兩米的俸祿都沒有，只是趁着宗人府還沒被吊銷，抓緊時間濫行權力罷了。看來「有權不用，過期作廢」的觀念早已有之。我當時為這件事還去了趟宗人府，見到了三堂掌印，掌正堂的是載瀛，算是履行了手續。馮玉祥逼宮後，溥儀連故宮也待不下去了，跑到了天津，他手下的宗人府所封的封號本來就是一紙空文，現在自然更是空頭支票。但這張誥封實在有意思：它是絲織的，一段紅，一段綠，和清朝原來的誥封形式完全一樣。上面的內容大致是，根據優待條件，啟功應襲封三等奉恩將軍。任命的內容雖是宗人府的，蓋的大印卻是民國大總統徐世昌的，真叫文不對題，不倫不類。我本來一直保留着它，這絕不是我留戀那個毫無價值的三等將軍，而是它確實是一件打上了特殊年代的烙印、具有特殊歷史意義的文物。但在「文化大革命」時，我不敢不把它燒掉，因為如果讓紅衛兵抄出來，那我的罪

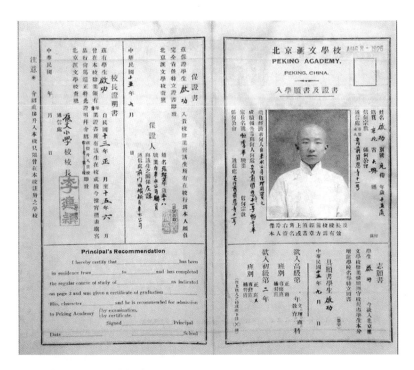

▲ 啟功入匯文小學的證書

▲ 啟功在匯文中學時的留影

過就不僅是要復辟資本主義，而是要復辟封建主義了。

　　我十二歲才入小學，之後又入中學。其間平平淡淡，沒有留下什麼特別的印象，甚至有些起止升轉的過程、細節都記不清了。所幸有熱心的朋友找到了我讀小學和由小學升中學的文憑。文憑所記當是最準確的。我上的是馬匹廠小學，它屬於匯文學校，是匯文的一所附屬小學。在「北京匯文學校」的「入學願書及證書」上，附有小學「校長證明書」，證明書是這樣寫的：「茲有學生啟功自民國十三年正月至十五年六月曾在本校肄業，領有畢業證書，所有該生在校成績今據實照表填寫，品行尚為端正，特此證明並介紹直接升入貴校，即致北京匯文學校查照。」可見我上小學的準確時間是從 1924 年 1 月到 1926 年 6 月，也就是說，我讀小學是由四年級第二學期插班開始，直到小學畢業，然後於 1926 年升入中學。在這份證明書上，為我具保的是自來水公司職員張紹堂。而證明書一側有聲明「介紹直接升入本校只限曾在本校注冊之學校」，可見馬匹廠小學當是匯文注冊的附屬小學。而在北京匯文學校「入學願書及證書」上，填寫我的年齡是十五歲，欲入的年級為「初級第二年」，因小學六年級已含有初一的課程，所以我在讀中學時又跳了一級。而在這份證書上填寫的家長是我的姑姑恆季華，足見我姑姑在我家的地位，而為我具保的則變為自來水公司的經理周實之。

　　熱心的朋友又找到了匯文學校「辛未 (1931) 年刊」上我寫的「一九三一級級史」一文，這篇文章是因為「高級三年徵記，爰為是文」。大概我的古文寫得比較好吧，所以大家推選我代表全年級來寫這篇級史，這並不偶然，因為當時我正隨戴綏之先生學習古文（見後）。在談到中學教育的重要性時，我這樣說：

　　　　英才之育，尤為國政導源。然小學始教，要在廣施；而大學專攻，非能遍及。是以進德之基，深造之本，捨中學其焉歸。入學既久，效已可睹，成茲九仞之山，端惟一簣之積，則高級三年，誠難忽視也。

一九三一級級史

密斯脫啟功

唯歲在上章敦祥元英之季。滙文學校辛未年業。剞劂在即。高級三年徵記。爰爲是文。曰。大哉庠序之教也。三代以還。雖時危世替。未見廢弛。蓋美俗之成。惟賴吉士表率。英才之育。尤爲國政導源。然小學始教。要在廣施。而大學專攻。非能徧及。是以進德之基。深造之本。舍中學其焉歸。入學既久。效已可睹。成茲九仞之山。端惟一簣之積。則高級三年。誠難忽視也。故于教。則三育幷施。于學。則四維互勵。教學相長。頗有可述者焉。若夫頤志典墳。馳情詞賦。經史子集。追緬古人。溝通萬國。迻譯殊音。每有佳章妙製。莫不丰采彬彬。嘉名所繫。首屬乎文。至若新進文明。物質是尙。駸駸列强。恃此而振。藉彼流傳。補我放失。執柯伐柯。取則不遠。故今日窮理之學。尤爲當世所望。至于商科。貨殖是究。鴟夷用越。陽翟得秦。誰曰居積可鄙。庶與管仲同功。東西志士。强國有計。妙策所由。端爲經濟。功也不才。忝參一席。竊希孟子之言。通功易事。逃名域中。了無高冀。此三科中。數十百人。奇才傑出者。不可勝計。而成績因之斐然可觀矣。每見課餘之暇。三五相聚于藏書之室。切磋琢磨。同德共勉。爲五年率。攘攘熙熙。相觀而善。暇則或爲指陳當務之文。或作堅白縱衡之辯。或出滑稽梯突之言。或好嬉笑怒罵之論。往往有微旨深意。寓於其閒。凡此四者。求之刊誌。高級三年。亦備之矣。而體育一端。尤其精進。于此季中。報記口傳。有碑載道。凡彼高才。衆人共識。何勞鄙人再爲縷贅哉。或曰。方今世之學校也。頹風陋習。多失教育之本旨者。子校其有之乎。予曰。何謂也。曰。予聞今之治學者。唯利是趨。唯弊是營。歲月忽忽。而泄泄以誤少年。父兄諸諸。而藐藐以負重託。作怪民爲先導。聽衆論如蠅聲。遂過失而助之長。見善舉而損其成。營飾其表。意在多金之獲。支離其說。專蔽善性之明。教者客延飽學。濫竽皆爲奇貨。學者不欽正道。紈綺酒是高風。甚者日高堅臥。謬託南陽之士。月明走馬。公爲濮上之行。酒食爭逐以爲常。歌舞倡和以爲課。競習頑强。雅名磊落。翻覆算權謀。陰險能蠱惑。舉兒善訟。舉國若狂。傲逸盤游。詬遺遐邇。教育之弊。乃若是乎。予笑而應之。曰。君將爲今學之董狐耶。前所云云。亦或不謬。然吾校固無是也。惟勉欽明德。期我全人共奮圖之。

—啟功拜志—

▲ 啟功在匯文中學時撰寫的年級史

我在高中讀的是商科，對商科的重要性，我是這樣認識的：

> 至於商科，貨殖是究。鴟夷用越，陽翟得秦。誰曰居積可鄙，庶與管仲同功。

「鴟夷用越」是指范蠡在越國經商致富的事情，「陽翟得秦」是指呂不韋因經商而取得秦國政柄的事，管仲則是春秋時著名的政治家。對於風華正茂的青年學子及其昂揚熱情，我是這樣形容的：

> 此三科中，數十百人。奇才傑出者，不可勝計，而成績因之斐然可觀矣。每見課餘之暇，三五相聚於藏書之室，切磋琢磨，同德共勉，為五年率。攘攘熙熙，相觀而善。暇則或為指陳當務之文，或作堅白縱衡之辯；或出滑稽梯突之言，或好嬉笑怒罵之論，往往有微旨深意，寓於其間。

我雖為高三年級作了這篇級史，但遺憾的是我並沒有在匯文中學正式畢業，只是肄業而已。原因是這樣的：我小時候唸了幾年私塾，當時家裏不准我學英文，我上小學、中學又都是插班，所以英語成績比較差，越唸到後來越吃力。當時我有一個同班好友叫張振先，他的英語特別好，同學經常找他幫忙「殺槍」，也就是現在所說的當「槍手」──誰的作業不會了，就請他寫。高二那一年的英語考試，我估計自己不行，也請他為我做一回「槍手」。可那一回他有點犯懶，替我做時沒太下功夫，內容和他自己的卷子差不多。老師「很高明」，一看便說，這兩篇雷同，不行。他還算手下留情，說起碼要在第二年重寫一篇，否則不能及格。當時我正一心一意、聚精會神地隨戴綏之先生學習古文，全部的興趣和精力都在那方面，對英語一點興趣也沒有，別說第二年了，就是第三年我也寫不出，於是我也就不管什麼畢業不畢業了。

為此，我有點對不起我的另外一個恩人——周九爺周學輝先生，也就是為我提供中學擔保的那位自來水公司經理周實之先生（為我提供小學擔保的張先生是他的屬員）。他也是我曾祖的門生，他的父親叫周馥（玉山），是李鴻章的財務總管，家裏很有錢，後來生活在天津。我曾祖死後，他還堅持來看望我們。每次到北京，必定來看我的曾祖母，他一直稱她為「師母」；我曾祖母也必定留他吃飯，關係很好。周老先生表示願意資助我一直唸下去，直至大學，以至出國留學。這樣一來，我就辜負了他的美意。但他善良的願望其實並不合實際。即使我英語及格了，將來能留學了，那誰管我的母親和姑姑啊？我不是一個人吃飽全家不餓的人啊！我家還有兩個親人，她們把我拉扯大，現在是反過來需要我照顧、撫養她們了。我當初為什麼選擇商科？還不是覺得它和就業、賺錢關係更直接嗎？而我為什麼那麼努力地跟戴綏之先生學習古文？就是因為後來我發現商科不適合我，我要學點適合我的真本事，並靠它找點工作，謀份職業，養家餬口，生活下去。所以到了高三，我也沒再補考，中途輟學了。而我家和周九爺的關係卻一直保持下去，他幫助過我三叔、六叔謀過職。後來我到輔仁大學工作，當了副教授，還特意到天津去看望他，他還熱情地請我吃飯。說來也巧，周九爺的孫輩周騤良、周駱良、周驚良（後改為周之良）後來都在北師大工作，我們的關係一直處得很好。

後來張振先到英國留學去了，解放後回到中國。在困難時期，因為我們都是市政協委員，可以享受一點優待——每星期六、日到歐美同學會那兒去打打牙祭，順便聚會一下。聚會時，還常回憶這次「殺槍」事件，以及一些其他趣聞，這裏權作匯文隨感和匯文逸事說說吧。

回想中小學生活，雖然平淡無奇，但這種開放式的、全方位的現代教育還是給我留下很深的印象。我覺得它確實比那種封閉式的、教學內容相對保守單一的私塾教育進步得多。最主要的是這種教育為孩子身心的自然發展提供了遠比舊式教育廣闊得多的空間。別的不說，活潑、好動、調皮、淘氣是孩子的本性，而這種本性在私塾教育中往往被扼殺了，但在新

式學校裏，大家地位平等，同聲相應、同氣相求、沆瀣一氣、成群結夥，又有充分的空間去發揮，這些本性就可以得到釋放。教我們英文的老師叫巴清泉，他判作業和閱卷時的簽字一律用CCPA。他是一個基督徒（匯文是基督教學校），對同學們一些不太符合基督教的言行，一律斥為迷信。我們就故意氣他，他上課時，有人就在裝粉筆末的紙盒裏插上三根筷子當香燒，還在他快進教室時一起怪聲怪調地把CCPA念成「sei-sei-ba」，好像是在說漢語的「塞啊——塞啊——叭！」要說迷信，應該是匯文的牧師劉介平。他有三個兒子，他不喜歡大兒子，而喜歡小兒子。先是小兒子不幸得病，他整天為他祈禱，還是死了。他把兒子的棺材停在亞斯禮堂（在當時的慕貞女中內）的講台下，向基督虔誠地禱告：「我的兒子被主接走了。」後來，他的二兒子又得病，死了，他又如此安排禱告一番。不久，他大兒子又病倒了，這回他把他送進醫院，很快就治好了。大家都說這才是迷信。

還說我和張振先吧。我們倆都屬於淘氣的學生。他有一回在禮堂的暖氣管上拿「順風旗」（一種體操動作），結果把管子弄壞，嚇得趕緊跑了。我更損，教我們語文的老師水平有限，有時還唸錯別字，如在教我們唸《秋水軒尺牘》時，把「久違塵教」唸成「久違塵教」。他是個大近視眼，我就拿一本字號最小的袖珍版的《新約全書》隨便找個問題問他。他擠着眼睛看了半天，也看不清，後來恍然大悟，知道我是明知故問地刁難他，就用教鞭照我的屁股給了一下。我還假裝委屈，理直氣壯地質問：「您為什麼打人啊？」他說得也好：「你拿我開涮，我不打你打誰？」諸如此類淘氣的事幹了不少。我和張振先是同桌，一到課間休息，甚至自習課老師不在時，我們倆就常常「比武」，看誰能把誰摁到長條凳上，只要摁倒對方，就用手當刀，架在他的脖子上說：「我宮了你！」算作取得一場勝利。直到幾十年後，我們在歐美同學會吃飯時，彼此的祝酒詞還是「我宮了你」。這種童真和童趣是非常值得珍惜的，有了它，人格才能完整。而開明的老師，常能容忍孩子們的這種天性，這對孩子的成長是有利的。我們班有一個同學叫宋衡玉（音），平時常穿日本式的服裝，我們都管他叫「小日本」，他自然

啟功在匯文中學時與同學的合影

不願意聽。有一回在飯廳吃飯時，有人又叫他「小日本」，他急了，追着那個人不依不饒，那個人就往飯廳外跑，他嘴裏罵着「兒子（讀作 zèi）！兒子！」地往外追，剛追出門，正好和路過的校長撞個滿懷，校長攮着他的嘴巴說：「你又沒娶媳婦兒，哪來的兒子？」大家聽了鬨堂大笑。因為大家覺得校長實際上是以一種幽默的方式加入到這場遊戲中了。總之，我不是提倡淘氣，但興趣是不可抹殺的，在這樣的學校，每天都有新鮮有趣的事發生，大家生活、學習起來饒有興致。

但有些事就不那麼簡單了。如 1926 年北京發生「三一八慘案」，那時我正上小學，那天放學時整個北京城都戒嚴，家裏着急，派車接我，但怎麼也繞不過來，最後我是拐着彎穿小胡同，很晚才到家。後來我升入匯文中學，又知道有兩名匯文的學生死於這次慘案中，一位姓唐，一位姓謝，校內還豎有「唐謝二君紀念碑」。這使我知道社會上還有比學校裏更驚天動地的大事。

三、我的幾位恩師

大約從十五歲到二十五歲，我有幸結識了一些當時知名的藝術家、詩人、學者，如賈羲民、吳鏡汀、戴姜福、溥心畬、溥雪齋、齊白石等先生，並向其中的一些人正式拜過師。在他們的教誨下，我日後比較見長的那些知識、技藝才打下根基，得到培養。在我回憶成長過程時，不能不提及他們。我曾經寫過《記我的幾位恩師》《溥心畬先生南渡前的藝術生涯》及《記齊白石先生軼事》等文章，記載了他們的有關情況，現把和我相關的一些情況再概述並補充一下。

賈羲民和吳鏡汀。羲民先生名爾魯，又名魯，原以新民為字，後改為羲民，北京人。鏡汀先生名熙曾，鏡汀是他的號，長期客居北京。我雖然自幼喜愛繪畫，也下過一些工夫，比如我家有一卷王石谷《臨安山色圖》

的珂羅版照片，原畫已流入日本，當時能得到它的照片已很不易，不像現在能見到那麼多的王石谷真跡，所以我到現在還保留着這幅照片。我和我五叔祖曾一起用心臨摹過它。又經熱心人幫助，還找到 1926 年（丙寅）我畫的一張菊花小冊頁。但這些僅是憑着小聰明，還不具備專業的素質。為了能登堂入室，大約升入中學後不久，我即正式磕頭拜賈先生為師學習繪畫。賈老師一家都是老塾師，他本人原也做過北洋政府部曹一類的小官。賈老師不但會畫，而且博通經史，對書畫鑒定也有很深的造詣。那時畫壇有這樣一個定義不太明確的概念和分法——「內行畫」和「外行畫」。所謂「內行畫」是指那種注重畫理、技巧的畫，類似王石谷那樣畫什麼像什麼；所謂「外行畫」是指那種不太注重畫理、技巧的畫，畫的山不像山，水不像水，類似王原祁，有人說他畫的房子像丙舍——墳中停靈的棚子。賈先生是文人，他不同意這種提法，認為這樣的詞彙不應是文人論畫所使用的語言；而吳先生卻喜歡用這種通俗的說法來區分這兩派不同的畫風。正由於賈先生是文人，所以他不太喜歡王石谷而喜歡王原祁，我現在還保留着他的一張小幅山水，很能看出他的特點。也正因如此，他在當時畫界不太被看重，甚至有些受排擠。賈老師曾經參加過一個畫會，它是由金紹城又名金城（號鞏北、北樓）倡立的。金先生是王世襄先生的舅舅，為了提高這個畫會的地位，他請來周肇祥做會長，因為周是民國大總統徐世昌的學生，又做過東北葫蘆島開關督辦，有的是貪污來的錢。這個畫會後來辦了一個展覽，金先生把賈先生的參展作品放在很不起眼的角落裏。賈先生受到這個冷遇後，就主動寫了一封信，聲明退出畫會。

　　賈先生對我的教益和影響主要在書畫鑒定方面，由於他是文人，學問廣博，又會畫，所以書畫史和書畫鑒定是他的強項。他經常帶我去看故宮的書畫藏品。平時去故宮，門票要一塊錢，這對一般人可不是小數目，而每月的一、二、三號，實行優惠價，只需三毛錢，而且這三天又是換展品的日子，大量的作品都要撤下來，換上新的，只有那些上等展品會繼續保留一段時間，而有些精品，如董其昌題的范中立《溪山行旅圖》、郭熙的

《早春圖》等會保留更長的時間。所以我對這類作品印象非常深，現在閉起眼睛，還能清楚地想像出它們當時掛在什麼位置，每張畫畫的是什麼，畫面的具體佈局如何。如《溪山行旅圖》樹叢的什麼位置有「范寬」兩個小字，《早春圖》什麼地方有一個「郭熙筆」的圖章，什麼地方有注明某年所畫的題款，都清楚地印在我的腦中。由於有優惠，我們天天都盼着這三天，每當這三天看完展覽，或平時在什麼地方相遇，分手時總是説：「下月到時候見！」每看展覽，賈先生就給我講一些鑒定、鑒賞的知識，如遠山和遠水怎麼畫是屬於北派的，怎麼畫是屬於南派的，宋人的山水和元人的山水有什麼不同等等。這些知識和眼力是非常抽象的，只靠看書是學不會的，必須有真正的行家當面指點。有一回我看到一張米元章的《捕蝗帖》，非常欣賞，可賈先生告訴我這是假的。我當時還很奇怪，心想這不是寫得很好嗎？後來我見得越來越多，特別是見了很多米元章真跡的影印本，再回過頭來看這張《捕蝗帖》，才覺得它真的不行。又如，最初見到董其昌的很多畫，難以理解：明明是董其昌的落款，上面還有吳榮光的題跋，如《秋興八景》等，但裏面為什麼有那麼多的毛病？比如畫面的結構不合比例，房子太大，人太小；或構圖混亂，同一條河，這半是由左向右流，那半又變成由右向左流；還有的畫面很潦草，甚至只畫了半截。開始，我認為這些都是假的，或代筆的畫手太不高明。賈老師便告訴我，這並不全是假的，而是屬於文人那種隨意而為的「大爺高樂」的作品——「大爺高樂」是《豔陽樓》戲中「拿高登」的一句戲詞：「大爺您在這兒高樂呢！」——畫家也常有些不顧畫理，信手塗抹的「高樂」之作，特別是文人畫，並沒什麼畫理可講。還有些畫，可能是自己起草幾筆，然後讓其他畫手代為填補，所以畫風就不統一了，因此不能把它們一概視為贗品。賈老師的這些教誨使我對文人畫有了進一步的了解，對真畫假題、假畫真題、半真半假的作品有了更深的理解。有時只我一個人到故宮看展覽，這時最希望能遇到一些懂行的老先生，每當他們在議論指點時，我就湊上去，聽他們説什麼，有時還不失時機地向他們請教一下，哪怕得到的只是三言兩語，但都極有

針對性，都使我受益匪淺。

　　隨着知識和鑒賞能力的提高，我鑒定作品真偽的能力也逐步提高。如前面提到的那兩幅畫：郭熙的《早春圖》，有鈐章，有題款，畫法技巧純屬宋人的風格，非常難得，無疑是真品。而范中立的《溪山行旅圖》僅憑畫面樹叢裏有「范寬」兩個題字，就能斷定它是贋品。因為據郭若虛《圖畫見聞志》載：「（范寬）名中正，字中立（也作仲立），華原人，性溫厚，故時人目之為范寬。」可見范寬是綽號，形容他度量大，不斤斤計較。試想他怎麼能把別人給他起的外號當做落款寫到畫面裏呢？比如有人給我起外號叫「馬虎」，我能把它當落款題到畫上嗎？天津歷史博物館也有一張類似風格的作品，落款居然是「臣范寬畫」，這更沒譜了，難道他敢在皇帝面前大不敬地以外號自稱？這又不像戲裏可以隨便編。有一齣包公戲，寫包公見太后時稱「臣包黑見駕」，這在戲裏行，但在正式場合絕對不行。這都是一些原來沒落款的畫，後人給它妄加上的。這些觀點雖然不都是賈老師親口傳授，但和他平日點滴的「潤物細無聲」的培養是分不開的。

　　賈老師和吳老師的關係很好。賈老師有一塊很珍貴的墨，送給了吳老師，吳老師把他的一幅類似粗筆的王石谷的畫回贈給賈老師。賈老師把它掛在屋裏，我還從他那裏借來臨摹過。實話實說，當初我雖投奔賈老師學畫，但心裏更喜歡所謂的「內行畫」，也就是吳老師這派的畫。後來我把這個意思和賈老師說了，他非常大度，在一次聚會上，主動把我介紹給吳老師，並主動拜託吳老師好好帶我。這事大約發生在我投賈老師門下一年多之後。能夠主動把自己的學生轉投到別人門下，這種度量，這種胸襟，就令人蕭然起敬，所以說跟老師不但要學做學問，更要學做人，賈老師永遠是我心中的恩師。

　　吳老師的「內行畫」確實非常高明，他能研究透每種風格、每個人用筆的技法，如王原祁和王石谷的畫都是怎樣下筆的，他可以當場表演，隨便抻過一張紙來，這樣畫幾筆，那樣畫幾筆，畫出的山石樹木就是王原祁的風格，再那樣畫幾筆，這樣畫幾筆就是王石谷的味道，還能用同樣的方

法表現出其他人的特點與習慣。這等於把畫理的基本構成都解剖透了，有點現代科學講究實證的味道，真不愧「內行」中的「內行」。這不但提高了我用筆技法的能力，而且對日後書畫鑒定有深遠的影響，因為看得多了，又懂得「解剖學」的基本原理，便掌握了訣竅，一看畫上的用筆，就知道這是不是那個人的風格，符合不符合那個人的習慣。我隨吳老師學畫，仍從臨摹開始。有一回我借來吳老師贈給賈老師的那張畫來臨，臨到最後，房子裏的人物安排不下了，只好刪去了。我母親在一旁看到後，一語雙關地戲稱我臨得「丟人」。後來就逐漸有了長進。

有一件事我至今記憶猶新，權當畫界當時的一個小掌故說一說吧。吳老師原有一位弟子，是無錫的周先生，當然就是我的師兄。有一回，有人告訴吳老師地安門的品古齋正在賣一張溥心畬家藏的沈士充的《桃源圖》，吳老師就從品古齋借出來，親自指導周先生臨，臨得似像似不像。臨完後又把原作還給品古齋，我就和曹七先生（事跡見後）說了這張畫的來歷，他花了三百元買下來。他的太太會畫畫，曾得到吳穀祥的指導，後來年歲大了，就不怎麼畫了。曹七先生跟我說：「你也臨一張，算是我太太臨的。」於是我就臨了一張題上他太太的名字，現在也不知這張畫的下落。後來我又在絹上臨了一張，拿去給吳老師看，他很高興，誇獎我「畫得好，是塌下心畫出來的」。後來徐燕蓀要辦一個畫展，準備把我這張和周師兄那張都拿去參展，並把我的擺在前面。這下吳老師不高興了，甚至和徐先生吵了起來。我雖然很願意把我排在前邊，但一想師兄比我大五歲，又是先和吳老師學畫，便和徐先生說：「還是把周先生的放在前面吧，這裏面有吳老師的指導。」這件風波才就此平息。這幅畫我現在還保留着。從這件事我明白，作為老師，他當然會看重親自指導過的作品，但對真正下過工夫的人，他心裏也是有數的。我的這位師兄最初善畫蘆塘，他自稱「別人都管我叫周蘆塘」；後來又畫葡萄，有一張還作為禮品贈給美國總統，於是他又自稱「他們都管我叫周葡萄」。後來我在一次聚會上和大家開玩笑說：「他畫蘆塘、葡萄，說人家管他叫周蘆塘、周葡萄，以後我專畫山藥，你們就

▲ 吳鏡汀先生像　　　　　▲ 吳鏡汀先生在作畫

叫別人管我叫『啟山藥』好了。」聽的人無不大笑。他九十歲時，家人要
為他辦個畫展，他夫人來找我，我寫了四首詩，後來還收到我的詩詞集中，
但在展覽會上並沒拿出來。他們可能誤認為有點「刺」，因為他們可能感覺到
在他聲名高了之後，其他幾個師兄弟可能對他有些不滿，也不願和他多往來，
覺得他有點看不起吳老師，以致和吳老師的關係鬧僵。其實我的詩都是稱讚他
的，並堅持認為他的藝術成就和吳老師的培養是分不開的，正如其二所說：

> 弱冠從師受藝初，耕煙（王石谷）名跡幾番摹。
> 靈懷（吳鏡汀）法乳通今古，壯歲蘆塘似六如（唐寅）。

　　吳老師後來精神就有點錯亂。據說吳老師有一位女學生，他很愛她。
後來這個女學生出國留學去了，吳老師精神上受到了刺激。其實這位女學
生不出國，估計也不會嫁給吳老師，因為她屬於新派人物。吳老師家原是
開藥店的，哥哥吳念貽又是有名的老中醫，想盡辦法給他治，最後不得不
送到精神病院，後來終於治好了。解放後，提倡現實主義，吳老師響應號
召，也到各地去寫生，畫的風格有所變化，不久因病故去了。上世紀九十

年代我花重金從海外收購回他一大卷山水，這是他平生最好的作品之一，此卷由我出資，由香港《名家翰墨》出版。我現在還常常對着它把玩不已，一方面欣賞他高超的畫藝，一方面緬懷他對我的教誨。我還保留了他與我合作的一幅扇面，這更是永久的紀念。

戴姜福。戴姜福先生字綏之，江蘇人，別號「山枝」，其意是影射自己為戴南山的支派。戴南山名名世，明末人，著名學者，清初因「文字獄」被殺。可見戴先生的家學淵源。他自己也是一位功底深厚的學者，如前所述，他是我曾祖任江蘇學政時選出的拔貢。所謂拔貢指各地科舉考試中貢入國子監的生員，清乾隆以後每十二年才舉行一次，由各府學從生員中挑選，名額很少，保送入京，經朝考合格後，可任京官、知縣或教職。戴老師被我曾祖選為拔貢後，也照例入京參加考試。那一年參與閱卷的是著名學者李慈銘（越縵），他的《越縵堂日記》是一部非常有價值的著作，記載了很多讀書的方法和心得。這些日記曾被人借閱，有一部分找不到了，後在琉璃廠發現了十一本，我買到了其中的前幾本，後來古籍書店把這十一本全複印出版。李慈銘在當時享譽學林，連翁同龢去見他也要在帖子上恭恭敬敬地寫上「越縵先生」。但他最初不是進士出身，官至御史後才反過來參加朝考，考前到處託人——不是託人幫助考中，他對考中充滿信心，而是託人考中後千萬別把他歸入翰林一檔，而要「歸班」，繼續任他的御史官，因為任翰林的那些官員，甚至他們的上級都是他的後輩，再向他們揖讓敬禮，實在尷尬。也就是說，他參加考試並不是為了升遷，而是為了證明自己的實力。戴老師在他的門下考中舉人，此事在《越縵堂日記》中有記載，可見他是一位資格很老的前輩學者。但他從沒把舉人的頭銜看得太重，始終以拔貢為榮，逢人作自我介紹時，總說自己是某某年的江蘇拔貢。

前清時，戴老師很早就從政界退下來，以教書為生。他曾做過趙爾豐的祕書。辛亥革命時，趙爾豐在四川被殺，戴老師一家便從成都逃了出來，由重慶坐船東下，在灩澦堆不幸翻船，戴師母遇難。後來戴老師娶了戴師母的一個丫鬟做小太太，照顧他的生活，她死於上世紀七十年代，距

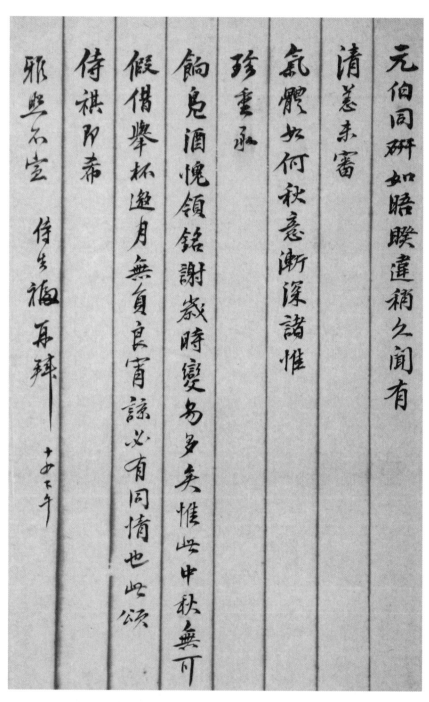

元伯同研如晤 睽違相久 聞有

清恙未審

氣體如何 秋意漸深 諸惟

珍重承

飽飫酒 愧領銘謝 裁時變易 多矣惟此中秋無可

假借舉杯邀月 無負良宵 諒必有同情也 此頌

侍祺即希

邪與石云 侍生福再拜 十五下午

▲ 戴綏之（姜福）先生墨跡

戴老師故去有很長時間，我們幾個學生照例去弔唁過她。

戴老師到北京後，先在北洋政府下設的「評政院」任職，評政院本是掛名衙門，沒什麼實際事可做。北伐後，評政院被解散，戴老師只好去教家館。定好星期幾，他先到東單的趙家，再到禮士胡同的曹家教他們的孩子讀書。趙家即趙爾豐的兒子趙叔彥，戴老師教的是趙叔彥的兒子趙守儼，後來他成為中華書局的棟樑之材。曹家也是大家族，世代都是中醫國手。老先生叫曹夔一（君直），是西太后由蘇州請到北京的名醫，專門給西太后看病。他也是我曾祖做江蘇學政時的門生，算是我家的世交，跟我的祖父交誼深厚，情如兄弟。他有幾個兒子，七爺叫曹元森（就是我前邊說過的曹七先生），也是數一數二的中醫國手。他的夫人是當時有名的才女，能文、能詩、能畫。戴老師就教他們的兒子曹嶽峻。曹嶽峻當時已經工作了，掛了很多職位，都是他父親給當時的總統、軍閥、達官貴人看好病後賞的掛名差事，他也用不着正式上班，有時間繼續跟戴老師學習。我也在這裏跟着戴老師唸書，算是「附學」。那時我雖然已上了匯文中學，而且快畢業了，但更有興趣的是下午四點跑到禮士胡同曹家隨戴老師學古文，那時，曹嶽峻已經下課，戴老師留下再單獨教我一會兒。

戴老師既重視基礎教育，又很善於因材施教，他對我說：「像你這樣的年齡，從《五經》唸起，已經不行了，還是重點學《四書》和古文吧。至於《五經》，你可以看一遍，點一過，我給你講講大概就可以了。」於是我把《詩》《書》《禮》《易》《春秋》加上《左傳》都點了一遍，有不對的地方就由老師改正。至於古文，老師讓我準備了一套《古文辭類纂》，讓我用硃筆從頭點起，每天點一大摞，直到點完為止，一直點了好幾個月。後來又用同樣的辦法讀了一部《文選》。經過這番努力，我在較短的時間內，打好了古文基礎。後來老師又讓我買了一套浙江書局出的《二十二子》，即二十二種子書。為什麼單買這套呢？這自有他的眼光和見識。二十二子的第一子是《老子》，浙江書局的《老子》用的是王弼的注，而不是河上公的注。讀了王弼的注我才知道他的很多觀點與《韓非子》的《解老》《喻

老》一樣，從而能把兩家打通，懂得法家往往要從讀《老子》、治老學開始，並明白《史記》把老子和韓非子放在同一傳內是有內在原因的。這就是戴老師的高明之處，選擇的教材都大有學問，入門的門徑選得好，就能事半功倍。戴老師不贊成程朱理學那一套說教，我記得有一回他給我出的作文題目是「孔孟言道而不言理」，這題目本身就具有啟發性。為了讓我寫好文章，老師從頭給我講孔孟的學說怎樣，程朱的學說又怎樣，又着重指出，程朱一派原來叫道學，後來才標舉理學，為的是強調他們好像掌握了真理，我聽了以後大受啟發。後來，我一直對程朱理學持反對態度，前幾年還寫了幾篇持這種觀點的文章，這些見解都是從戴老師那裏接受過來的。戴老師對《墨子》也不感興趣。《墨子》中有《備城門》等篇，文辭十分艱深，老師說，這幾篇點點就算了，其意是不主張我接受墨派的觀點，他寧肯同意韓非，也不同意墨子，學術觀點非常鮮明，而且頗具個性。眾所周知，《韓非子》是法家思想，在傳統思想中是受排斥的，但戴老師卻有自己獨立的觀點。還有一個事例能夠充分證明這一點。我在點《古文辭類纂》時，戴老師有意抽出柳宗元的《封建論》讓我先行點讀，當時我還體會不出這裏面有什麼學術思想。說來也巧，幾十年後，「四人幫」在搞評法批儒時，也大舉標榜這篇文章，說它代表了法家思想，好像只有他們才了解這篇文章的價值，殊不知戴老師很早以前就非常注重它，只不過戴老師強調的是學術，而「四人幫」玩弄的是陰謀。

戴老師學問非常全面，音韻學、地理學、文字學都很高明。晚年不再教書，有人把張惠言一部專講音韻的書稿拿來，請他幫助整理，我們平時很少聽他講音韻學，但很快他就把這一大摞尚未成型的書稿用工整的毛筆字整理好。他還有一本《華字源》，專講文字，把要講的字按「六書」分類，置於行首，然後在下面講解它的含義構成及來源。我現在還保留着當時聽課用的紅格筆記，有些講解現在還記憶猶新。如「贏」字：「亡」代表無，「口」代表範圍，「貝」代表錢財，「凡」代表用手執，「月」代表盈虧，即不停地用手把錢財填進已空的範圍內，就是「贏」，通俗易懂，深入淺出。

就這樣，我隨戴老師一直讀到他患肺病去世，那一年正值西安事變（1936年），戴老師享年六十餘。他去世時，我們幾個師兄弟都去幫助辦喪事，曹嶽峻親手為老師穿上入殮的衣服，我寫了一副輓聯，可惜時間久遠，沒保留下來，我也記不清了。但戴老師為我打下的深厚的古文功底，幫我建立的獨具個性的學術思想和善於因材施教的教學方法，卻一直指導着我，恩澤着我，沾溉着我，這是我永生也不能忘記的。我終身的職業是教師，而且主要教授的是古典文學，而教授這些課的基礎恰是這些年隨戴老師學習夯實的。

溥心畬。溥心畬先生名溥儒，字心畬。按溥、毓、恆、啟的排輩，他屬於我曾祖輩，他家一直襲着王爵。心畬先生雖為側室所生，但家資仍很富饒，所以在我眼中，他自然屬於「貴親」，不敢隨便攀附。再說，他不但門第顯赫，而且詩、書、畫都有很高的造詣，在當時社會上享有盛譽，被

▲　溥心畬先生像

▲　溥心畬先生書寫的行書五字聯

公認為「王公藝術家」，我只是一個初出茅廬的後生晚輩，豈敢隨便高攀人家為老師。但按姻親關係論，他的母親是我祖母的親姐姐，他是我的表叔。這位大姨奶奶和我家一直有來往，她家原住在大連，每逢過年常給我們捎些禮物，其中包括給我的小玩具，有些我至今還保留着。

我十八九歲的時候漸漸在詩畫方面有了些小名氣，在一次聚會中遇到心畬先生，他是個愛才的人，便讓我有時間到他那去，那時他住在恭王府後花園的萃錦園。但我的母親早就教導我說，對於貴親，要非請莫到，這條經驗還是從袁枚的《隨園筆記》中得來的：四任兩江總督的尹繼善，說袁子才就是「非請莫到」。但心畬先生卻是真的愛才，在日後有見面機會時，他總是問我為什麼不去，這樣我才敢經常登門求教。

他對我的教授和影響是全面的。

他把詩歌修養看做藝術的靈魂，認為搞藝術，特別是書畫藝術當以詩為先，詩作好了書畫自然就好了。他高興的時候，還把他的詩寫在扇面上送給我，我至今還保留着他小行草的《天津雜詩》的扇面。我其實最想向他學畫，但每次提起，他總是先問作詩了沒有？後來我就索性向他請教作詩的方法。他論詩主「空靈」，但我問他什麼是空靈，他從來沒正面回答過，有一回甚至冒出一句「高皇子孫的筆墨沒有一個不空靈的」，我聽了差點要笑出來。為了讓我體會什麼是空靈，他讓我去讀王（維）、孟（浩然）、韋（應物）、柳（宗元）四家集。這是他心目中「空靈」的最高境界。但我讀了之後，並沒什麼太多的收穫。王維的作品原已讀了很多，並沒什麼新體會，孟浩然的作品料太少，沒什麼味道，柳宗元的作品太冷峻，也不太合我的胃口，只有韋應物的作品確實古樸清新，給我一些新啟發。溥心畬的詩作很符合他自己提倡的「空靈」說。他早年有一本手寫石印的《西山集》，後來又出了一本《寒玉堂詩集》，其中雖保留《西山集》的名目，但比我最先看到的要少了一些，其中有《落葉》四首。我見到這四首是他寫在一小張高麗箋上的，拿給我看，我非常喜愛，他就送給我。我把它夾在一本保存師友手箋的冊頁中，放到一個箱子裏，就沒再動過，保留到現在。而

《寒玉堂詩集》卻沒收這四首，不知是不是原稿已經遺失，但幸好，我當時一邊吟賞，一邊已把這四首背了下來，即使我的收藏也不在了，我仍然能把它們補上。我不妨背兩首，也可看看他的「空靈體」到底是什麼風格：

昔日千門萬戶開，愁聞落葉下金台。

寒生易水荊卿去，秋滿江南庾信哀。

西苑花飛春已盡，上林樹冷雁空來。

平明奉帚人頭白，五柞宮前夢碧苔。

微霜昨夜薊門過，玉樹飄零恨若何。

楚客離騷吟木葉，越人清怨寄江波。

不須搖落愁風雨，誰實催傷假斧柯。

衰謝蘭成應作賦，暮年喪亂入悲歌。

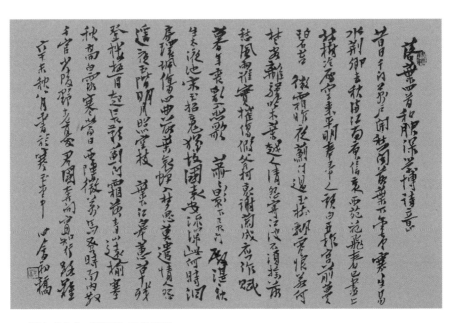

▲ 溥心畬先生《落葉》四首墨跡

這種詩文辭優美，音調搖曳，外殼很像唐詩，但內在的感情卻有些空泛，即使有所寄託，也過於朦朧。所以當時著名學者，溥儀的師傅陳寶琛說「儒二爺盡做『空唐詩』」。這一評價挺準確，在當時就傳開了。後來又有一位老先生，也是我匯文的老師，叫鄭騫，把「空唐詩」誤傳為「充唐詩」，如果真的以此評價，又未免貶之過甚了。讀他的「空唐詩」多了，我也會仿做。有一次我畫了一個扇面，想讓他指點，但他一向是一提畫就先說詩，所以我特意在扇面上又做了一首題畫詩：

> 八月江南岸，平林欲着黃。
> 清波凝暮靄，鳴籟入虛堂。
> 卷幔吟秋色，題書寄雁行。
> 一丘猶可臥，搖落慢神傷。

他接過扇面，果然先不看畫，而看詩，仔細吟讀了一會兒之後，突然問我：「這是你作的嗎？」我忍着笑回答：「是。」他又反覆看了一陣，又

◀ 溥雪齋先生像

問：「真是你作的嗎？」這回我忍不住笑了，答道：「您就說像不像您的詩吧？」他也高興地笑了起來，這才對我的畫作了一些評點。現在檢點我年青時的一些詩，在心畬先生的影響下，確實有幾首類似他的風格，但那僅是仿作，之後就很少有這類作品了。

那時在心畬先生那兒學詩還有一個機會：每年當萃錦園的西府海棠盛開時，心畬先生必定邀請當時知名文人前來賞花。在臨花圃的廊子上隨便設些桌椅茶點，來的人先在素紙長卷上簽名，然後從一個器皿中拈取一個小紙卷，上面只注一個字，即賦詩時所限的韻。來人有當場做的，也有回去補的。這是真正的文人雅集，類似這樣的雅集，還有溥雪齋的松風草堂。溥雪齋先生是著名的書畫家，而且精通音樂，他那裏的集會多以書畫、彈琴為主，每次集會，儼然就是一次小型的畫會或古樂音樂會。有時還做「押詩條」（也稱「詩謎」「敲詩」「打詩寶」）的遊戲，這是當時文人的一種帶有賭博性質的文字遊戲。方法是把古人的一句詩寫在一張長條紙上，但要隱去其中一字，而把它寫在紙尾，另配四字，寫在旁邊。猜的人就五字中選擇一字，選中為勝。遊戲者可選擇不同的賠率，如一賠三，即下注一元，出詩的賠三元。直到上世紀五十年代，我和溥雪齋先生、王世襄先生還在張伯駒先生家玩過這種遊戲。不過我們玩的比純以賭博為目的的更複雜，不但出一句，而且出一首，每句都可押一字或一詞。這種遊戲對練習琢磨古人是如何用字遣詞是很有幫助的。我的《啟功韻語》中有幾首「社課」之作，都是那種背景下寫的，只不過有些作品已經超出當時的環境藉題發揮了。如這首《社課詠福文襄故居牡丹限江韻》：

東欄鬥韻秉銀缸，尊酒花時集皓龐。
易主園林春幾許，應圖骨相世無雙。
碧紅色亂蒼苔砌，樓閣香凝玉女窗。
莫問臨芳當日事，寸根千載入危邦。

如果說前邊的一些描寫還有「空唐詩」的痕跡，那麼結尾的「寸根千載入危邦」就別有用意了，因為那時溥儀剛剛離開天津，隻身潛到東北，我對他的前途充滿憂慮。這些作品交卷時，總會得到別人的一些指教。我記得經常出入心畬先生公館和宴集的有一位福建人李宣倜，號釋堪，行十三，「十三」的音，正好和「釋堪」相近，大家就稱他為「李十三」；還有一位叫李拔可，行八，大家根據諧音稱他為「李八哥」。每當我拿着習作向他們請教時，他們能分析出某首詩先有的哪句，後湊的哪句，哪句好，哪句不好，為什麼押了這個韻，分析得頭頭是道，令我很佩服，很受教益。李釋堪的兒子和我是中學同學，所以關係更為密切，我稱他為李老伯，還常到他家去。他特別喜歡梅蘭芳，與梅蘭芳關係很好。因為他曾在汪偽政府任過偽職，所以光復後被當做漢奸關押過一陣，釋放後生活很潦倒，梅蘭芳就讓他的女兒梅葆玥跟他讀書。其實，梅老闆也沒指望梅葆玥跟他學多少東西，而是找這樣一個機會賙濟一下他的生活，這在當時也算是一件美談。梅蘭芳還和我說過：「他們（指自己的子女）都學別的了，我就留了一個小玖（指梅葆玖）學我這行。」他雖然沒提梅葆玥，但她的老生唱得實在好。解放後，我受命到上海籌備成立中國畫院的事，還在戲院裏見到過李老伯，後來就失去了聯繫。

我向心畬先生學畫的想法始終沒斷，怎麼入手呢？正在焦急的時候，突然天賜良機。有一回我在舊書攤上無意發現一套題為清素主人選編的《雲林一家集》。所謂「雲林一家」，並非指元代畫家倪雲林，而是指詩風全都講「空靈」的唐人詩，書商不知「清素」是誰，賣得挺便宜，其實他就是心畬先生的父親，看來他講空靈是有家學淵源的。我曾聽他說過，這書雖是他父親選編的，但由於時間久遠，出版得又少，他家裏已找不到此書了。我趕緊把它買下，恭恭敬敬地送給他。他非常高興，問我多少錢買的，要給我錢。我說這是孝敬您的，他就不斷地唸叨着：「這可怎麼謝謝你呢？」我便乘機說：「您家那幅宋人的手卷（後來我發現只是元明人的作品）能不能借我臨一臨？」這是我早就看上的作品。他痛快地答應了。我拿回

家後認真地臨了兩幅，所以花的時間比較長，到後來他不放心了，派聽差的來問。我讓他轉告：「請老爺子放心，等我一臨完，保證完璧歸趙。」他才放心。我臨的這兩幅，一幅畫在絹上，裝裱過，後來送給陳垣老校長，他又轉送他弟弟。另一幅畫在紙上，至今還應在我手中。心畬先生的中堂外，掛着兩個方形四面絹心的宮燈，每面絹上都是他自己畫的山水，一個是臨夏珪《溪山清遠圖》的，原圖不設色，而臨作是加色的，雖然是淡淡的，卻別有風味；一個就是臨我臨的這幅無款山水卷，每次我到他家去，總要在燈前欣賞半天。貴族藝術家的氣派和氣質，就是不同凡響，還沒進屋就能感受到藝術氛圍撲面而來。

有一回最開眼界的經歷令我終生難忘：心畬先生有很多藝術界、學術界的朋友，他們經常光顧萃錦園。一回，著名畫家張大千先生也應約光臨。當時有「南張北溥」之說，這兩位泰斗聚在一起舉行筆會，自然是難得的藝壇盛事，大家都前來觀摩，二位也特別賣力氣。只見大堂中間擺着一張大案子，二位面對面各坐一邊，這邊拿起畫紙畫兩筆，即丟給對方，對方也同樣。接過對方丟來的畫稿，這方就根據原意再加幾筆，然後再丟回去。沒有事先的商定，也沒有臨時的交談，完全根據對對方的理解，如此穿梭接力幾回，一幅，不，應是一批精美的作品便產生了，而且張張都是神完氣足，渾融一體，看不出有任何拼湊的痕跡。真讓人領教了什麼叫「心有靈犀一點通」，什麼叫信手拈來，揮灑自如。不到三個小時就畫了幾十張，中間還給旁觀的人畫了幾幅扇面，我還得了張大千先生的一幅。最後兩人各分了一半，拿回去題款鈐印，沒畫好的再補完。據我所知，曾在《人民日報》負責製版的張樹蘊先生手中就有兩開這次的作品，他的叔叔在《體育報》，善於攝影，我的全家合影就是他拍攝的。

最後再說說齊白石（萍翁）先生。我有一個遠房的四叔祖，叫毓逖，他開棺材鋪，曾給齊先生做過一口上等好壽材，因此和齊先生有些交情。他專喜歡齊先生的畫，認為凡畫齊先生那路畫的就能賺錢，而我家當時很窮，他就讓我向齊先生學畫。齊先生最佩服金農（冬心），什麼都學他，尤

其是字。金農喜歡稱自己的號「金吉金」，又進一步把兩個「金」字改用外來語「蘇伐羅」，於是變成「蘇伐羅吉蘇伐羅」。我常開玩笑説，齊先生如果連稱自己的名字也學金農的話，他應該叫「齊——white——stone」。齊先生稱自己是著名學者王闓運先生的學生。王闓運也是風雲一時的人物。當年袁世凱請他進京，特別優待讓他直接進新華門，他卻指着新華門説這是「新莽門」，意在諷刺袁世凱是竊國大盜，就像西漢末年篡漢建立「新」朝的王莽。王闓運也自稱手下有兩個最得意的學生，一個木匠，一個鐵匠，這木匠就是指齊白石。齊先生也有耿直的一面，淪陷時期，國立藝專聘他為教授，他在裝聘書的信封上寫下「齊白石死了」五個字，原信退回。有一個偽警察想藉機索要他一張畫，被齊先生嚴詞拒絕。齊先生畫的藝術成就不用我多説，我跟他也確實學到很多東西，開了不少眼界。比如他善於畫蝦，沒見他親筆畫之前，我不知他那神采飛揚的蝦鬚是怎麼畫的，及至親眼所見，才知道他不是轉動手，而是轉動紙，把紙轉向不同的方向，而手總朝着一個方向畫，這樣更容易掌握手的力量和感覺，這就是竅門，這就是經驗。又如一次我看他治印，他是直接把反體的印文寫到石料上，對着鏡子稍微調整一下。在刻一豎時，他先用刀對着豎向我説：「別人都是這邊一刀，那邊再一刀，我不，我就這麼一刀，這就是所謂的單刀法。」説完，一刀下去，果然效果極佳，一邊光順順的，一邊麻渣渣的，金石氣躍然刀下，這就是刀力，這就是功力。

我最喜歡的是他那些充滿童趣和鄉土氣息的作品。我的詩集裏有這樣一首詩：《齊萍翁畫一婦人抱一小兒，兒執柏葉一枝，題首柏壽二字。又題云：「小乖乖，拜壽去。」》詩云：

> 小乖乖，拜壽去。老乖乖，多妙趣。
> 此是山翁得意處，我亦相隨有奇句。

我最欣賞的就是這類作品。上世紀八十年代末，我訪問香港，某晚，

友人出示齊先生畫稿八開，我一口氣為它們題寫了八首詩，其中第二首說：

　　　　牧童歸去紙鳶低（山翁句），牛背長繩景最奇。

　　　　處處農村俱入畫，萍翁不斷是鄉思。

　　也是稱讚這種風格。但他有些理論比較怪異，至今我都不太理解，比如有人問「畫樹的要領是什麼」，他說「樹幹、樹枝一定都要直，你看大滌子（石濤）的樹畫得多直」。怎麼能「都」直呢？我現在也想不通，再說他自己和石濤畫得也未必「都」直，所以有人讓我鑒定齊白石和他欣賞的石濤的畫時，我常開玩笑說：「這是假的，為什麼呢？因為樹畫得不直。」

　　齊先生曾自稱書優於畫，詩優於書。在我看來他的詩確實不錯，特別是小絕句和那些樸實無華、充滿童趣的詩句很有意思，如上引的「牧童歸去紙鳶低」以及「兩崖含月欲吐珠」等，我曾有《齊萍翁畫自識云：「人生一技故不易，知者尤難得也。」因廣其意題此》一詩稱讚道：

　　　　一生三絕畫書詩，萬里千年事可知。

　　　　何待汗青求史筆，自家腕底有銘辭。

　　但齊先生的長詩不如小詩，他曾把自己的詩稿交給著名學者黎錦熙先生，黎先生為他編了年譜及選集，集中選了若干長詩，我覺得還不如不選。齊先生在論詩和作詩時，有時會出現一些錯誤，如他說金農的詩雖然不好，但詞好。我記憶中金農並沒有什麼好的詞作，就問他為什麼，他說：「他是博學鴻詞啊。」其實博學鴻詞是清朝科舉考試的一種門類，和「詩詞」的「詞」毫無關係。他有一首寫給女學生的詩，其中有一句為「乞余憐汝有私恩」，這有點不倫不類了。我這裏雖然挑了他一些毛病，但並不妨礙我對他的尊敬，他也挺喜歡我，總管我叫「小孩兒」，常唸叨：「那個小孩兒怎麼老沒來？」就憑這句話，我就應恭恭敬敬地叫他一聲老師。

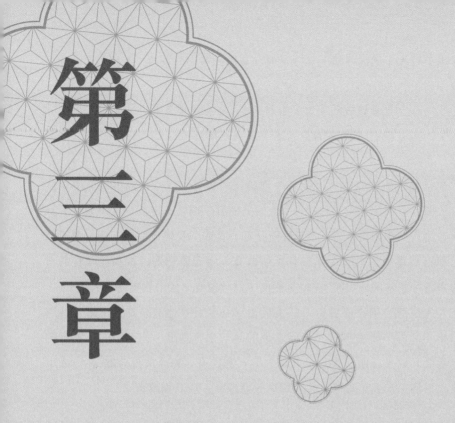

第三章

我與輔仁大學

這時，看着他為我題籤的身影，我幾乎掉下熱淚來。老師的書齋名「勵耘」，老師用他全部的身心和熱血為我解釋了什麼叫「勵耘」，如何做一個辛勤的耕耘者，如何做一個優秀的園丁，如何做一個提攜後進的長者。

一、三進輔仁

我能進輔仁大學，並一直工作到現在，還要從邵老伯和唐老伯説起。我十一歲時，他們幫助我家募集了 2000 元的七年公債，每月可得 30 元的利息，到十八歲，這筆公債已用完了。那時我剛中學肄業，還沒找到工作，只能靠臨時教些家館，維持生計，偶爾賣出一兩張畫，再貼補一些。邵、唐二位老伯對我真叫負責到底、仁至義盡、善始善終，他們認為最穩妥的長久之計是為我謀一份固定的工作，於是在我二十一歲時，找到四川同鄉傅增湘先生幫忙，他慨然應允。

傅老先生是我曾祖的門生，他在參加殿試時，我曾祖是閲卷官之一，在他的卷子上畫過圈。傅老先生在當時是著名的社會名流和學者。早年肄業於保定蓮池書院，當時書院的山長是桐城派著名學者吳汝綸，他十分欣賞傅老先生的詩文。光緒二十四年（1898）考中進士，入翰林，任編修，又升為直隸提學使。當時改革風氣初開，傅老先生率風氣之先，創辦女子學校，培養了大批女子人才，直到晚年，當時的女學生還常登堂求教。北洋政府時，因教育成就顯著，受任教育總長，後因不滿時政，尤其不滿當局

▶ 傅增湘先生像

干涉蔡元培在北大的改革而辭職。後又將精力轉向籌辦輔仁大學的前身「輔仁社」，又任輔仁大學董事會董事長，對輔仁大學有開創之功。傅老先生博學多聞，退出政界後蒐羅古籍，校勘群書，達一萬六千餘卷，後都無償捐獻北京圖書館，在此基礎上出版了大量有關古籍的專著。傅老先生與時任輔仁大學校長的陳垣先生交誼篤厚。他任教育部總長時，陳校長任教育部次長，他下野後，陳校長接任他做護理部務，掌管大印，相當於代理總長，後來辭去政務，應英斂之之請，專職任輔仁大學校長。二人之間可謂長期共事，於是傅老先生決定為我的事去找陳老校長。而老校長從此成為我終生的大恩師，為了能更清晰地表述陳校長對我的培養，不妨先對他作一簡介，特別是我見到他之前的一些情況：

陳校長名垣，字援庵，生於清光緒六年（1880），廣東新會人。幼年受私塾教育，熟讀經書，但他自稱「余少不喜八股，而好泛覽」（《陳垣來往書信集》），研讀了大量的子書和史書，接受了很多實用之學。但受時代風氣所限，仍不得不走科舉之路，於是他「一面教書，一面仍用心學八股，等到八股學好，科舉也廢了，白白糟蹋了兩年時間，不過，也得到一些讀書的方法，逐漸養成刻苦讀書的習慣」（《談談我的一些讀書經驗》）。這

▲ 傅增湘先生墨跡

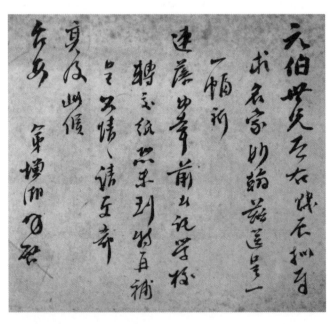

▲ 傅增湘先生給啟功的信

期間他參加過縣試、府試。二十一歲時先取為新會縣試第一名（案首），同年參加廣州府試。按慣例，各縣案首府試無不取之理，但主試的廣州知府施典章對陳垣先生文章中表現出的新思想不滿，竟在卷子上批道：「直類孫汶（文）之徒」，後又把「孫汶」圈去改為「狂妄」。所以最初陳垣先生不在複試之列，但在輿論的壓迫下，府學不得不在最後時間把他的名字補上。而複試的題目為「出辭氣，斯遠鄙倍矣」。這顯然是針對陳垣先生初試文章的「狂妄」而發的。但這次陳垣先生按部就班、四平八穩地作起了八股文章，那位施知府也無話可說，於是陳垣先生順利通過府試和院試，考取了秀才。後來他在回憶這次經歷的時候曾作過這樣兩句詩：「猶憶當年施太守，噬余狂妄亦知音。」同年又參加順天府鄉試，廣東甄某請陳先生代考，於是陳先生在考試時一口氣作了兩篇文章。張榜結果，自己的那一篇沒中，而給甄某的卻中了。「究其原因是自己的文章思想奇特，不合當時口味，越用心越南轅北轍。代別人作文，不下工夫，作普通文章，反而中了。」（見《陳垣年譜》）但也有收穫——得到甄某3000元酬金，把歷年從家中支出的錢全部還清。第二年又補為廩膳生，即可以拿到「廩」——實物和「膳」——伙食的雙重補助的生員，再次參加開封鄉試，仍未錄取，從此徹底放棄科考，投入宣傳新文化運動及反清鬥爭和辛亥革命，曾參與及創辦《時事畫報》《震旦日報》，宣傳革命。後又大力興辦教育，在新會、廣州教過小學、中學，又考入美國人在廣州開辦的博濟醫學院學習西醫，後又與廣州醫學界的中國名流創辦光華醫學校和《醫學衛生報》《光華醫事衛生雜誌》。1912年與廣東醫學共進會同人歡迎孫中山並攝影留念。1913年當選眾議院議員，北上北京，又創辦北京孤兒園、北京平民中學。這時期他的學術研究也取得很大成就，特別是在歷史考據方面的成就更令人矚目。1919年積極參加五四運動，親自上街遊行。由於社會影響日益顯著，1921年任教育部次長，代理部務，兼任京師圖書館館長。1922年起擔任北大研究所國學門導師。同年辭去教育部任職，專心於辦學與學術研究。1925年任故宮博物院理事兼圖書館館長，1926年任輔仁社社長。1929年起任輔

▲ 陳垣先生像

▲ 陳垣先生在書房

仁大學校長，1952 年輔仁大學與北京師範大學合併，繼任北京師範大學校長，直到 1971 年故去，享年九十一歲。陳老校長畢生投入到教育事業和學術研究中，是中國現代偉大的教育家和史學家。

他的學術著作《通鑒胡注表微》《二十史朔閏表》《中西回史日曆》《史諱舉例》《元典章校補》《元西域人華化考》《中國佛教史籍概論》《明季滇黔佛教考》等都是史學界不朽的著作。陳老校長作為史學家有三個鮮明的特點：一是他最擅長宗教史，他出身於信仰基督教的家庭，從小皈依基督教，所以對基督教史，特別是中國傳入史有非常深入、精闢的研究，後來他又廣集佛教典籍，因此對佛教歷史典籍也有非常廣泛的研究，如《開封一賜樂業教（即以色列教）考》《元也里可溫（即天主教）考》《摩尼教入中國考》《火祆教入中國考》（以上四種合稱「古教四考」）、《中國基督教史》《中國佛教史籍概論》等，都是這方面的傑出成果。二是非常強調把中國的各民族當成一個整體的中華民族來研究，強調中華民族的相互融合和整體文化，如他的《元西域人華化考》即是這樣的代表作。三是充滿愛國激情，把歷史學和愛國主義緊密地聯繫在一起。在抗日戰爭時期，他曾語重心長

地說:「從來敵人消滅一個民族，必從消滅他的民族歷史文化着手。中華民族文化不被消滅，也是抗敵根本措施之一。」而他的《通鑑胡注表微》就處處滲透着抗敵禦侮的思想和用心。試想，能到這樣一個大學者手下工作不是非常難得、非常榮幸的事嗎？

所以我至今還清楚記得傅老先生介紹我與陳校長會面時的情景：

我先到傅家，把我作的幾篇文章和畫的一幅扇面交給傅老先生，算作我投師的作業。他囑咐我在他家等候，聽他回信。然後拿着這些東西直接到陳老校長家。當時我的心情既興奮，又緊張，我知道這是我人生的一次重要機遇，我渴望得到它，又怕失去它，為了它兩位學術大師——一位前總長，一位前副總長親自過問，這怎麼能讓我不感動？好不容易盼到傅老先生回來，他用平和的語氣傳達了令我激動的消息：「援庵先生說你寫作俱

▲　陳垣先生在寫作

佳。他的印象不錯，可以去見他。」又叮囑道：「無論能否得到工作的安排，你總要勤向陳先生請教，學到做學問的門徑，這比得到一個職業還重要，一生受用不盡的。」就這樣我得以去見陳校長。初次見面還未免有些緊張，特別是見到他眉宇間透出的一股肅穆威嚴之氣，甚至有些害怕。但他卻十分和藹地對我說道：「我的叔叔陳簡墀和你祖父是同年的翰林，咱們還是世交呢。」一句話說得我放鬆下來，還產生了一種親切感。但事後我想，老先生早已參加資產階級革命，不會對封建科舉制度看得那麼重要，他這樣說是為了消除我的緊張情緒，老先生對青年後生的關愛之心可見一斑。

之後，老校長即安排我到輔仁附中教一年級國文，在交派工作時，詳細問我教過學生沒有，教的是什麼，怎麼教的？我把教過家館的情況報告了一番，陳校長聽了點點頭，又囑咐我說：「教一班中學生與在私塾屋裏教幾個小孩子不同，你站在台上，他們坐在台下，人臉是對立的，但感情萬不可對立。中學生，特別是初中一年級的孩子，正是淘氣的時候，也正是

姓名	字	籍貫	學歷	任教科目	到職時間
郭宴廷		河北鹽縣	輔仁大學畢業	國文	二十三年九月
啟功	元白	北平	輔仁大學畢業	國語	二十三年九月
蔣永昌	彼臘	河北固安	師範本科畢業	勞作	二十三年九月
程萬里	緞後	安徽青陽	輔仁大學畢業	英文	二十一年九月
楊承祿		湖北武昌	輔仁大學肆業	英文	二十三年九月
楊喜齡		黑龍江泰來	輔仁大學畢業	歷史	二十年九月
董世祚		四川巴縣	輔仁大學畢業	算學	二十年九月
盧逑曾	雅齋	山東萊燕	北京大學畢業	地理	二十一年九月
劉國聰		河北宛音	北京大學肆業	地理	二十年九月
劉恩樹		河北天津	輔仁大學肆業	生理衛生	二十年九月
鞠		河北	國立師範大學理學士	體育	二十年九月

職教員姓名錄（以上初中）

▲ 輔仁附中教職員名錄

腦筋最活躍的時候，對他們一定要以鼓勵誇獎為主，不可對他們有偏愛，更不可偏惡，尤其不可隨意譏誚諷刺學生，要愛護他們的自尊心。遇到學生淘氣、不聽話，你自己不要發脾氣，你發一次，即使有效，以後再有更壞的事發生，又怎麼發更大的脾氣？萬一無效，你怎麼收場？你還年輕，但在講台上就是師表，你要用你的本事讓學生佩服你。」上班後，我自然不敢怠慢，按陳校長的囑咐，努力上好每一節課。幾十年後，還有當時的學生記得我和我的課，稱讚我的課生動有趣，引人入勝，使他們對古今中外的文學發生了濃厚的興趣。應該說我的教學效果還不錯，但一年多後，即被分管附中的輔仁大學教育學院的張院長刷掉。他的理由很冠冕堂皇，說我中學都沒畢業，怎能教中學？這與制度不合。於是我一進輔仁的經歷就這樣結束了，這對我不能不是一個嚴重的打擊。

但陳校長卻認定我行，他也沒有洋學歷，自報家門時總是稱「廣東新會廩膳生」，他深知文憑固然重要，但實際本領更重要。他又根據我善於繪畫，有較豐富的繪畫知識的特點，安排我到美術系去任教，但限於資歷，只能先任助教，教學生一些與繪畫相關的知識，如怎樣題款、落款、鈐印等。說實在的，憑我的繪畫功底和從賈老師、吳老師、溥心畬先生、溥雪齋先生、齊白石先生那兒學到的東西，做個美術系區區的助教綽綽有餘；實踐也證明我能勝任，很多當時美術系的學生至今還與我保持着密切的聯繫就能充分說明這一點。但不幸的是分管美術系的仍是那位張院長，孫悟空再有本事，也跳不出如來佛的手心，一年多後，他再次以資歷不夠為理由把我刷下。當時陳校長有意安排我到校長室做祕書，便讓柴德賡先生來徵求我的意見。我當然想去，以便有更多的機會接觸陳校長，但我的處世態度有點守舊，先要照例客氣一番：「我沒做過這樣的工作，我怕能力不夠，難以勝任啊！」柴德賡回去向陳校長匯報時卻說，「啟功對我鄭重其事地說他不願來」，這真叫我有口難言。於是他把一個和自己非常熟悉的學生安排了進去，也許我那番「謙遜」的話正中柴德賡先生的下懷，他很想借這個機會安排一個人，以便更多地了解、接觸陳校長。後來陳校長見到我

▲ 啟功在美術系任教時的照片　　　　　　▲ 原輔仁大學美術系教學樓

就問：「你為什麼不願來呢？你還應好好學習啊！」我一聽就知道陳校長誤會了，但也無法解釋了。就這樣我不得不暫時離開輔仁，結束了我二進輔仁的經歷。

　　那年正是 1937 年，7 月 7 日爆發了盧溝橋事變，日本帝國主義迅速佔領了北平。北平人民遭受了空前的災難，物價飛漲，通貨膨脹。不用說流離失所的難民了，一般的小康家庭都難以為繼，更何況我剛剛工作又失業，生活又面臨着重大的危機。我不得不臨時去教一兩家家館，再靠寫字畫畫賣些錢，勉強地維持生活。

　　到次年三月，我的八叔祖看我生活實在困難，出於好心，想幫我找個工作。他本人在日本人控制的市政府下做小職員，給我介紹工作也只能從這方面找，嚴格地說就是找偽職，當偽差。他從商店買了張履歷卡，填上我的姓名、年齡、籍貫等。我一看他把我的姓名寫成「金啟功」，就很不

高興，因為我爺爺早就發過誓：「你要是姓了金就不是我的孫子。」於是我爭辯道：「我不叫金啟功啊。」他連哄帶壓地說：「這有什麼關係，你不看現在是什麼時候，我現在不是也叫金禹宗了嗎？」當時家族的勢力還很強，宗族觀念還比較重，雖然一提「金啟功」我心裏就噁心，但又不好當面堅決抵制，這樣就迫不得已地叫了一回金啟功。他把履歷表交給當時在日本傀儡政權委員長王克敏手下任職的祝書元。正當我還在猶豫的時候，恰巧又趕上日本顧問與王克敏被刺事件。當時刺客向他們開槍，王克敏先趴下，日本顧問被擊中，倒在王克敏身上，王克敏算是躲過一劫。日偽政權當然大為惱火，全城戒嚴，到處抓嫌疑犯，形勢非常緊張。很多人受到牽連，如王光英先生就被抓進煤渣胡同的特務機關。當時我如堅持不去，也很容易被懷疑與此案有牽連。我母親和姑姑也嚇得束手無策，亂了方寸，都勸我說：「別惹事了，還是去吧，看看再說。」這樣我就身不由己地幹上了偽職。那個單位屬於祕書廳下的一個科室，按職位排有科長、科員、助理員、書記，我做的是助理員，一個月能掙 30 元，勉強養家餬口。但幸好的是，機關裏的工友聽差還都叫我啟先生。就這樣我心神不寧地一直幹到夏天。

沒想到這時我的救星又降臨了——陳校長找到我，問：「你現在有事做沒有？」我咬着後槽牙說：「沒有。」「那好，真沒事，九月份發聘書，你就回輔仁跟我教大一國文吧。」聽到這個意外飛來的好消息，我高興得簡直要瘋了。我本來就不願幹偽職，只是迫於生計和叔祖的好意，更不願就此真的姓了金，正好像是在苦海裏掙扎，這回總算是得到解救。我趕緊回家告訴母親，激動地想起一句戲詞，攥起雙拳，仰天大叫：「沒想到我王寶釧還有今日啊！」我的母親和姑姑也都高興得直哭。第二天我一早就到祕書廳找到負責人祝書元說：「我現在身體不好，老咳嗽，昨天我去看病，醫生說我是肺病，我只能辭職了。」也不知他信不信我這套假話，反正他沒強留我，只是問：「誰能接替你啊？」我說：「我們這兒比我位置低的只有那位書記，他可以。」祝書元就按我說的向上邊打了報告，真的就這樣定

了。事後這位書記還常給我寫信，很感激我對他的推薦，直到去年還給我來過信。可見人都是很善良的，為人家做了點好事，人家就會感激你，雖然我當初推薦的並不是什麼光彩的事。但無意中又得罪了那位科員，他知道俊好一陣埋怨我不該推薦那位書記，原來他想把自己的人塞進來。就這樣我於 1938 年 9 月第三次回到輔仁，直到今天，六十六年再也沒離開過它。

回想我這一生，除了祕書廳這件事，我從沒做過不清不白的事，1938 年春夏之際的三個多月，在我的人生道路上留下了一個污點。解放後不久，曾發起「忠誠老實學習交代會」，我積極響應號召，真的十分忠誠老實，把幹過幾個月偽差的事原原本本向組織作了交代。當時開會的地方在女院（恭王府），散會後我就直奔南院校長辦公室，找到陳校長，非常惶恐地向他說：「我報告老師，那年您找我，問我有沒有事，我說沒有，是我欺騙了您，當時我正做敵偽部門的一個助理員。我之所以說假話，是因為太想回到您身邊了。」陳校長聽了，愣了一會兒神，然後只對我說了一個字：「髒！」就這一個字，有如當頭一棒，萬雷轟頂，我要把它當做一字箴言，警戒終身——再不能染上任何污點了。

二、循循善誘與登堂入室

這次回輔仁不但心情特別愉快，而且特別踏實。陳校長讓我和其他幾個人各教一個班的大一國文，而他自己也親自擔任一個班。他一邊教他那班學生，還要帶我們這「班」青年教師，我們可以在同一課程內直接向他請教，請他指點，這不是天賜良機嗎？也可以說，陳校長為培養我們這些人，特意創造了一個可以手把手教我們的機會。他提攜誘導年輕後學真是煞費苦心。他在開學之前又諄諄教導我說：「這次教大學生又和中學生不同。大學生知識多了，他們會提出很多問題，教一堂課一定要把有關的內容都預備到，要設想到學生會提出什麼問題，免得到時被動。要善於疏通

▲ 陳垣先生故居

▲ 在輔仁大學教大一國文時的啟功

課堂空氣，不要老是站在講台上講，要適當地到學生座位中間走一走，一方面可以知道學生們在幹什麼，有沒有偷懶、睡覺、看小說的？順便看看自己板書的效果好不好，學生記下了沒有，沒有記下的就可順便指點一下他們；更重要的是，這樣可以創造一個深入他們的氣氛，創造一個平等和諧的環境，讓學生們覺得你平易近人、可親可敬。到了大學更要重視學生實際能力的提高，要多讓學生寫作，所以上好作文課是非常重要的，批改作文一定要恰到好處，少了，他們不會有真正的收穫；多了，就成了你給他重做，最好的辦法是面批，直接告訴他們優缺點在哪裏，他們要有疑問，可以當面講解，這樣效果最好。要把發現的問題隨時記在教課筆記上，以便以後隨時舉例，解決一些普遍性的問題。」

陳校長在實際教學中也給我們作出了表率。我常去聽陳校長的課，聽了他的課，我更加深理解了老師為什麼要選這篇作品，教授它的重點、難點、要求是什麼。我不但為老校長精彩的講解和淵博的學問所折服，也學到了很多教學經驗。比如，最初我看他板書時每行（豎行）只寫四個字，

非常奇怪，就問他為什麼，他說你坐到教室最後一排就知道了。我一試，才明白寫到第四字，最後一排恰巧能看清、看完整，再多寫一個字，就被講台擋住，學生只有站起來才能看得見。僅此一件小事，就能看出老師是多麼用心，多麼細緻。

除了我到陳校長課堂上現場取經外，陳校長還經常到我的課上把場傳授。每次聽完我的課都要指點一下，指點時照例以鼓勵誇獎為主，一如他要求教師對學生的態度那樣。對於問題，他總是用啟發的口氣同你商量，而且總是提一個頭，不再多說，剩下的讓你自己考慮，比如說：「這篇文章的時代背景很重要。」怎麼重要呢？他點到為止，我下來就要仔細地查一查，而每到查完，總會有意想不到的收穫。他還鼓勵我們開展多種形式的教學，以調動學生的學習熱情。比如，那時的大一國文都要開書法課，陳校長就建議我拿些帖拍成幻燈片，打出來給學生看。為了讓學生看清楚，陳校長和我特意選擇了輔仁大學東北角的階梯教室。課由我講，但指揮由陳校長擔任，他用為上幾何課預備的木尺敲桌子，每敲一下，管放映的人就放一張新幻燈片。這時課堂上就會爆發出一陣感慨聲，看到好的，大家會由衷地表示讚歎，看到不怎麼樣的，如「龍門造像」中有的作品本來就很差，再一放大就更難看了，大家就會發出嘲笑聲。等到感慨聲稍微平靜下來，我就給他們具體講解這件書法作品的有關知識，並從用筆、結字、行氣、篇章詳細分析它的特點。講得差不多了，陳校長就用尺子再敲一下桌子，於是又進入下一張的欣賞和講解。我至今還清楚地記得老校長當時敲桌子的神采，那微笑的神情分明是對我的鼓勵，我講起來也特別能放得開，準備的講得很充分，沒準備的即興發揮得也很生動。我和老校長的合作猶如演出了一場「雙簧拉洋片」，配合得格外默契，同學們聽得也格外帶勁，一堂課很快就結束了。就這樣，這幾節書法課使學生收益很大，每次課前課後都不斷地有學生提出各種各樣的問題，有的還詳細地與我進一步討論這些碑帖，說明這些課確實調動了學生的積極性，取得了良好的教學效果。而這一切都是與陳校長的親自設計與親自指導分不開的，他非常

▶ 陳垣先生和啟功研究書法

注重教學的靈活性、生動性，並手把手地把有關方法傳授給像我這樣的
年輕教師，而一旦他們能取得一些成績，就和他們共同分享這份快樂，
陶醉其中。

　　陳校長非常注重寫作訓練，對作文課抓得非常嚴。當時學生的作文都
用毛筆寫在紅格宣紙本上，他要求我們在批改時也要工工整整地用毛筆來
寫。陳校長還有一個高着兒——定期把學生的作文及老師的批改張貼在櫥
窗內，供大家參觀評論，有時他還把自己的「程文」也張貼到櫥窗內，供
大家學習。每到展出時，我們都格外用心，因為我們知道，這不但是學生
間的一個小型的作文競賽，而且也是老師間的一次相互觀摩，所以我在批
改學生作文時，總是提起十二分的警惕，拿出十二分的用心，不管是天頭
的頂批，還是最後的總批，每處都兢兢業業地寫。每當展出時，看到我的
字確實不致落在學生後面時，心裏就感到一絲欣慰，這也使我真正懂得了
什麼叫教學相長。而陳校長的這種做法也大大地促進了我的書藝，特別是
小楷，他雖然沒有直接教我書法，但他這種辦法無疑是對我的極大促進，
使我長年堅持練習，一點不敢馬虎，而且一定要寫得規規矩矩，不敢以求

有金石氣、有個性，而把字寫得歪歪扭扭、怪裏怪氣，更不敢用這種書法來冒充什麼現代派。

說到展出的櫥窗，還有一點順便的補充。這些櫥窗平時是為貼告示用的，如哪位老師生病請假，就事先公佈在櫥窗內。但在那個特殊的年代，如果某一個老師長期「請病假」，大家都心照不宣地明白此人必定出事了，而出事又不能明說，結論只有一個——被日本人抓走了。學校也可以通過這種默契的方式向大家公告不好公告的消息，據說整個淪陷時期，輔仁大約有十來人被捕過。當然，一旦有人被捕，大家都會盡力援救。這裏應該提一提曹汝霖。「五四」運動後，他在大家眼中成了漢奸，他自己為了表白自己，堅決杜門不出，既不與人來往，也不寫文章。他老年時生了一個女兒叫曹慶稀，在我教的這個班上唸書。當很多輔仁的老師被捕後，有人找到曹汝霖請求他出面保釋，這雖與他長期的處世態度不合，但他仍勉為其難，真的找日本人斡旋干預，最終很多人都獲救被釋放了，包括英千里、趙光賢等人。看來對一個人的歷史評價是件很麻煩、很複雜的事。

大一國文課各班的課本是統一的，選哪些作品，為什麼選它，它的重點是什麼，通過對它的講授要達到什麼目的，陳校長在事前都有周密的考慮，並向我們這些年輕的老師講解清楚。學年末全校的大一國文課要統一「會考」，由陳校長自己出題，統一評定分數，這既考了學生，也考了老師，很有「競爭」的味道，大大調動了我們的積極性。每到這時，我總是加班加點地為學生輔導。所幸我的學生在歷次會考中成績都不錯，沒有辜負老師對我的期望。

陳校長不但教我們怎樣教書，而且教我們怎樣讀書做學問。陳校長做學問非常嚴謹，他強調治史學在史料的蒐集和使用時，來不得半點馬虎，一定要使用第一手材料，蒐集材料時一定要「竭澤而漁」。竭澤而漁並不是指寫文章時要把這些材料都用進去，而是要熟悉全部相關的材料，做到心中有數。對老師的這種治學方法我有兩次親身的體會。一是老師家中有三部佛教的《大藏經》和一部道教的《道藏經》，他開玩笑說：「唐三藏不稀奇，

我有四藏。」但我每到他家，看到這「四藏」，心裏總會浮現這樣一個問題：這麼多的經典老師都翻看過嗎？不久得到了回答：一次老師在古物陳列所發現了一部嘉興地方刻的《大藏經》，立刻告訴我們這裏面有哪些種是別處沒有的，有什麼用處，之後又帶着我們去抄出許多本，摘錄若干條。怎麼能知道哪些種是別處沒有的呢？當然熟悉目錄是主要的，但僅查目錄，怎能知道那些有什麼用處呢？我這才「考證」出老師藏的「四藏」並不是陳列品，而是曾一一過目，心中了然的。二是為查歷史年月，他得知日本御府圖書寮編了一種《三正綜覽》，就花了 200 銀圓託朋友在日本抄出副本，自己又逐月逐年地編排演算，最後寫成《中西回史日曆》。編到清朝的歷史朔閏，老師就到故宮文獻館中查校保存下來的清朝每年的「皇曆」。後來我買了一本印出的《三正綜覽》，不但發現它的編排遠遠不如老師所編的醒目，而且清朝部分與老師的多有不同，就拿去請教老師。老師自信地説：「清朝部分是我在文獻館中校對了清朝每年的『皇曆』，自以我的為確。人不能什麼事都自負，但這件事我可以自負，我也有把握自負。」只有親手佔領了第一手資料，才敢有這樣自信的宣言。

老師見了我們這些後學晚輩，多數情況下並不急於考問我們讀什麼書，寫什麼文章，而總是在閒談中抓住一兩個具體問題進行指點。比如老師的家裏總掛些名人字畫，案頭或沙發前總放着畫卷和書冊，談話的內容往往就從這裏入手。比如他曾用 30 元買了一幅章學誠的字，字寫得十分拙劣，他只是為聊備一格掛在客廳裏。我們這些門生去了，他會指着它問：「這個人你知道嗎？」如果知道，而且能説出一些相關的問題，他必定大為高興，連帶地給你講出更多的內容，特別是一些鮮為人知的細節、趣聞，全是即興講解，而且十分生動，如果整理出來就是一篇很有意思的學術箚記。可惜，我那時手懶，沒記下更多的內容。如果你不知道，他就簡單地告訴你，「他是一個史學家」，就不再多説了。我們因自愧沒趣，或想知道個究竟，只好回來趕緊查閱這個人的有關情況，明白了一些，下次再向老師表現一番，老師又必很高興。但又常在我們所説的棱縫中再加一點，如

▲ 陳垣先生和啟功交談

果你還知道，他必大笑點頭，加以稱讚，這時我也像考了滿分，感到得意；如果說不上來了，他必再告訴你一點頭緒，容你回去再看。

當然，他也會具體過問、指導我們寫文章。我最初不知從什麼方面、角度入手，他就幫我謀題目。他問我：「原來你都讀過什麼書？其中哪些讀得最多、最熟、最有興趣？這一定要從自己的實際情況出發。」我說：「我原來隨戴先生讀了很多經史一類的書，但我的興趣還在藝術方面，我也接觸、積累了很多這方面的知識。」他說：「那很好，藝術方面有很多專門的知識，沒有一定實踐經驗和切實修養，還做不了這方面的研究，你很適合做這些題目。」在他的鼓勵下，我寫的第一篇論文是有關《急就篇》研究的。《急就篇》本是史游編的童蒙識字課本，很多書法家都喜歡書寫它，就像後來許多人喜歡書寫《千字文》一樣，因此流傳下大量的法帖。在論文寫作的過程中，老師也給了我很多具體意見和知識，再次體現了他的博學多聞。特別是這篇文章的題目究竟怎樣命名為好，因為這裏面牽扯到一個

重要的概念——「章草」究竟指什麼，老師早就對這一概念發生過疑問。因為《急就篇》又稱《急就章》，又是用章草一體所寫，所以後世竟有人以「章草」代稱「急就章」。這樣一來，章草的概念就非常混亂，有人說是漢章帝所寫，所以叫章草，這是從篇章的角度出發；有人又說章草應指字體的特點，如故宮所藏影印鄧文元寫的《急就章》用的字體是章草；而羅復堪給他定的題目又叫「鄧文元章草」，此處的章草是指字體名還是指篇章名？如此等等，不一而足。後來我終於想明白，陳校長的老家廣東可能有這樣的習慣，即把字體名和篇章（急就章）名合在一起都叫章草。不管怎樣，老師給我提出了一個很好的思路，即由辨明概念入手，才能把這篇文章寫好。經過與老師反覆地斟酌、推敲，最後才定下文章的題目：《急就篇傳本考》，對以上問題進行了考辨，並對失傳及在傳的版本進行了詳細的整理，完成了我的第一篇論文。後來，我又根據出土的漢朝木簡考證了《急就篇》中第一句所說的「急就奇觚與眾異」的「奇觚」指的是什麼。原來古人有用方木棍做書寫載體的方法，如果把方木棍按對角線劈開，使之變成兩個三棱形，這樣就可以由四面書寫，變成六面書寫，大大節約了材料。木簡在三棱體的斜面上只寫「急就」二字，既不稱「篇」，又不稱「章」，在另外兩個直面上寫正文，每面三句為一行，這樣又把《急就篇》研究深入了一步。說到木簡，還應補充一點。現在很多人把出土木簡泛稱為「流沙墜簡」，這是不確切的。《流沙墜簡》是羅振玉根據法國人沙宛所藏的敦煌木簡出的書翻譯的書名，意思是「從沙漠中刨出的遺留的木簡」，它是特指，而不是泛指一切木簡。

後來，在老師的關懷和指導下，我又寫了《董其昌書畫代筆人考》一篇論文。如前所述，我早就喜歡董其昌的畫，但又發現很多畫畫得不搭調，一會兒這邊水高，一會兒那邊水高，當時認為或者是贗品，或者是代筆人水平太差。後來聽賈義民老師說，才知道其中也不排除董其昌本人的「大爺高樂」的作品，很有啟發，而且發現給他代筆的松江派畫家都是很有功底的，畫起來都是有板有眼的，於是就對這些代筆人及其畫風發生了興

趣。我把這些想法和陳校長說了，他認為這個題目很有意義，鼓勵我把它寫出來。在我寫作過程中，老師還給我寫過一封信，告訴我朱彝尊曾在《論畫絕句》中提到趙左和僧珂雪曾替董其昌代筆，並親筆把這條資料抄錄給我。這是一首七言絕句：「隱君趙左僧珂雪，每替香光（董其昌）應接忙。涇渭淄澠終有別，漫因題字概收藏。」朱彝尊自注云：「董文敏疲於應酬，每倩趙文度及雪公代筆，親為書款。」陳校長讀書有一個幾十年如一日的好習慣，即遇到有用的資料就隨手抄錄在紙條上分類備用，現在看這條資料對我有用，就寄給我。這條資料對我的啟發確實很大，說明早在清初就有人注意到這種現象。當我寫好文章，呈給老師看時，他十分高興，誇獎了一番。我也很得意，至今認為它是我論文中的得意之作，而這些成績的取得都是和老師辛勤指導、具體幫助分不開的。類似的例子還有很多。

不光對我如此，老師對所有的後學都傾注全力地加以培養。如柴德賡先生寫過一篇有關「謝三賓」的文章，專論清初那些反覆無常、時而降清、時而反清的降臣叛將，內容暫且不說，僅為他文章的題目，陳校長就不知和他商量了多少次，時而改成這樣，時而改成那樣，也夠得上「反覆無常」了，真可謂字斟句酌，精益求精，不但體現了老師嚴謹認真的學風，而且寄託了對後學晚輩的殷切期望。

陳校長不但教我們怎樣教書、怎樣做學問，更重要的是教我們如何做人。日寇佔領北平後，作為一個赤手空拳的老學者，他只能以筆代槍，把他的愛國思想、愛國情緒寄託在他一篇篇的史學論文中，他常引用《論語》的話：「施於有政，是亦為政」，這就是他寫這些文章的苦心孤詣。有時直接給我們講解其中所蘊涵的內容和情感，每到此時，忠憤之氣溢於言表，再加上他本來就眉目威嚴，使我不由想起陸放翁《跋李莊簡公家書》所云：「每言秦氏，必曰『咸陽』，憤切慷慨，形於辭色。……方言此時，目如炬，聲如鐘，其英偉剛毅之氣，使人興起。」他還專對輔仁大學中年青的中國神甫進行歷史文化基本知識的教育，這些行動都是對後學之輩很好的愛國教育。

在這方面，陳校長對我更是耳提面命。他有時看我給學生作文的批語或寫的詩流露出一些消沉的情緒，就委婉地批評我思想不要太舊，要不斷地除舊佈新；有時看我有些偷懶，就鼓勵我加緊努力。有幾件事給我的印象最深，也對我平生影響最深：

光復後，國民黨中組部部長陳立夫、參謀總長陳誠曾到北平，在宣武門內路西市黨部舉辦招待會，招待各大學的教授、副教授，意在拉攏知識界，博得他們對國民黨的支持。我那時已是副教授，所以也參加了。會上陳立夫和陳誠不但不關切長期處於淪陷區知識分子的處境，反而責怪我們「消沉」，對他們的到來不夠歡迎。陳校長當即反駁道：「你們說我們消沉，也不問問我們為什麼消沉？不問問我們這些年是怎麼熬過來的？是怎樣在日本人的壓迫下過着非人生活的？」說到氣憤時，竟激動地直用招待吃點心的叉子敲盤子。接着燕京大學的校長陸志韋也慷慨激昂地說：「不知二位部長聽說過這樣的民謠沒有？」於是一邊用叉子敲着盤子一邊唸道：「此處不留爺，自有留爺處。處處不留爺，爺去投八路。」氣得陳誠大叫道：「那你就投好了！」會場上鬨然大亂，可見當時的民心所向。接着一位政法大學的教授又操着濃重的湖南常德土音，繼續大罵國民黨，可惜我聽不懂他的話。據說散會後，此人又到中山公園音樂堂去講演，國民黨特務朝他扔臭雞蛋，他在左派學生的掩護下才得以離場，聽說後來跑到解放區去了。這次會上陳校長的凜然正氣給了我很大的震動，常言說「身教勝於言教」，陳校長以身作則，告訴我在複雜的社會中應該怎樣堂堂正正地做人。

光復不久，輔仁大學教授英千里出任北平市教育局局長，想從輔仁的教師中找一個「自己人」做幫手，幫他管一個科室，不知怎的，想到了我。如果純從收入的角度來看，這個位置的薪水比當一般教師要高得多。我當時真有點動心，但又拿不準，和一些人商量，也莫衷一是，便去請教老師。老師先問：「你母親願意不願意？」我說：「她不太懂得，讓我請教老師。」老師又問：「你自己覺得怎樣？」我說：「我少無宦情。」老師捋

◀ 啟功和恩師陳垣先生

着鬍子哈哈大笑道:「既然你並無宦情,我就可以直接告訴你:學校送給你的是聘書,你是教師,是賓客;衙門裏發給你的是委任狀,你是屬員,是官吏。你想想看,你適合幹哪個?」我恍然大悟,立刻告辭回來,用花箋紙寫了一封信,向那位教授對我的提拔表示感謝,又婉言辭謝了他的委派。寫好後,拿過去請老師過目,他看了看,只説了一句話:「值三十元。」這話真是大有禪意,怎麼理解都可以,但有一點是肯定的:在自己的人生道路上,我作出了一次重要的正確的選擇,對我來説,這是無價之寶,而幫我指點迷津的恰是陳老師。他指導我怎樣正確衡量自己,認識自己,怎樣擺正自己的社會位置,選好自己的人生舞台。現在想起來,如果我當時從了政,即使幹得再好,再順利,至多使社會上多一個可多可少的官員而已,而我的專長和才華(姑且這樣説)就不能得以發揮。所以陳校長不但是我的業務導師,更是我的人生導師。

　　1963 年我根據一篇發表過的、讀者反映很好的論文,經過多年的修訂補充,整理成一本專著《古代字體論稿》,出版前我想請老師題籤。老師非常高興,問我:「你出版過專著嗎?」我説:「這是第一本。」又問了一些有關的情況後,忽然問我:「你今年多大歲數了?」我説:「五十一歲。」

老師又忽然放下我，歷數起很多學者的壽命來：「全謝山（祖望）只五十歲，戴東原（震）只五十四歲⋯⋯」正當我摸不着頭腦的時候，老師忽然又語重心長地對我說：「你要好好努力啊！」說罷欣然命筆。我愣了一刻，終於明白了他的良苦用心：他一方面為我的成長高興，高興得好像一個孩子，看到自己澆過水的小草開花結子，便高興地喊人來看；一方面又以長者的經驗告誡我，人生苦短，時不我待，要抓緊大好時光多出書。這時，看着他為我題籤的身影，我幾乎掉下熱淚來。老師的書齋名「勵耘」，老師用他全部的身心和熱血為我解釋了什麼叫「勵耘」，如何做一個辛勤的耕耘者，如何做一個優秀的園丁，如何做一個提攜後進的長者。

過了一兩年後，我又起草了一本《詩文聲律論稿》，帶着它去請老師題籤。這時老師已經病了，禁不得勞累，但見我這一疊稿子，非看不可。我只好託詞說還須修改，改好後再拿來，先只留下書名。我又想，老師以後恐怕像這樣的書籤也不易多寫了，不如把將來準備出的書也求老師一次寫了，但又難於為自己以後的著作預設好題目，於是想起「啟功叢稿」這樣一個名稱，準備把它作為總稱，下面可以放進任何文章著述，於是說還有一本雜文，求老師一併題籤。老師這時已不太能多談話了，但仍毫不猶豫地答應我馬上就寫，我就退到旁邊的屋子坐等。沒多久，祕書劉乃和先生舉着一疊墨筆的書籤來了，每種都寫了若干張，任我選擇，我真是喜出望外。但痛心的是這本《詩文聲律論稿》中經「文化大革命」，一直拖到十多年後才得以出版，而他老人家已不及見到了；還有慚愧的是我的《啟功叢稿》下面的著述還不夠豐富。但每當我看到這些題籤時，都不由地想起當時的情景，老校長殷切的話語仍響在耳邊，老校長慈祥的面孔仍歷歷在目⋯⋯

回想我這一生，解放前有人不屑我這個資歷不夠的中學生，眼裏根本不夾我地把我刷來刷去；解放後又有人鄙視我這個出身不好的封建餘孽，捨你其誰地把我批來批去。各路英雄都可以在我面前耀武揚威一番，以示他們強者的偉大與「左派」的先進。但老校長卻保護了我，每當我遭受風

雨的時候，是他老人家為我撐起一片遮風避雨的傘蓋；每當我遭受拋棄時，是他老人家為我張開寬厚的翅膀，讓我得到溫暖與安頓，而且他好像特別願意庇護我這隻弱小的孤燕，傾盡全力地保護我不受外來的欺凌，就像「護犢子」那樣護着我。我自幼喪父，我渴望有人能像父親那樣關懷我，我可以從他那裏得到不同於母愛的另一種愛，有了它，我就能感到踏實，增強力量，充滿信心，明確方向。現在老校長把老師的職責與父親的關懷都擔在了身上，這種恩情是無法回報的。我啟功別說今生今世報答不了他的恩情，就是有來生、有下輩子，我也報答不完他老人家的恩情。

在這裏我還想為老校長說幾句公道話，或曰打抱不平。近現代史學界有「南北二陳」的美譽。對那一位陳老先生我也是非常尊敬和欽佩的。但現在有些人評介他時，故意渲染他怎麼堅持不過問政治，不參加政治

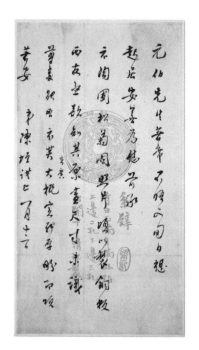

▲ 陳垣先生給啟功的信

▲ 1947 年 4 月 27 日在故宮
左起：劉乃和、啟功、柴德賡、陳垣

學習，不介入黨派等，好像他的偉大不在他的學問，而在特立獨行、超脫政治。而對陳老校長則不同了，因為他解放後參加了共產黨。殊不知陳校長加入共產黨完全是為了更好地投入到教育事業中，他身為輔仁大學和師範大學合併而成的北京師範大學的校長，只有在黨內他才能更直接地貫徹黨的教育方針，切實地對北京師範大學負責，這種良苦之心是多麼難得啊！

老校長逝世於 1971 年，當時還是禍害橫行的時代，所以他死得很淒涼。他那時住在輔仁大學對面的興化寺街，主要靠祕書劉乃和先生協助他工作，照顧他的生活。但「文化大革命」時劉乃和先生被扣在學校隔離審查，其實造反派審查劉乃和的目的並不在她本人，而是通過她來挖些整陳校長的「黑材料」。於是那一陣陳校長只能一人在家，我們幾個學生也都被扣着，關牛棚的關牛棚，隔離審查的隔離審查，也都無法去照顧他。他子女的情況也都如此，家裏只剩下一個管做飯的袁姐。一天，老校長因行動不便倒在地上，兩個多小時沒人管。後來陳校長的二孫媳，我稱她「曾大姐」，急了，冒着危險到中南海國務院信訪處給周總理寫信，反映這一情況，要求趕緊把祕書放回來。這封信還真的起了作用，不久就把劉乃和放了出來，好整天看着老校長。記得在「文化大革命」剛開始的時候，陳校長曾為這次史無前例的浩劫憂心忡忡。我想直到他死也始終沒搞清楚到底是怎麼回事，不像我們這些劫後餘生的人，事後畢竟得到一個說法。一個洞察歷史的老人就這樣帶着遺恨走了。我失去了最崇敬的導師，最可親的長者。我把千言萬語，匯成了一副輓聯，想在追悼會上掛出來，但那時我連進到大廳當面鞠躬的條件都沒有，只能在院子裏默哀，明智的朋友看了我這副輓聯又是用真情所寫，都勸我不要掛出來。幸好黑暗終於過去了，現在我可以一遍一遍不斷地向他老人家的亡靈吟誦了：

依函丈卅九年，信有師生同父子；
刊習作二三冊，痛餘文字答陶甄！

三、輔仁逸事

　　輔仁大學創辦於 1925 年，它的創辦與我的滿族老前輩英華先生的努力分不開。英華先生姓赫吉里氏，字斂之，號萬松野人。他是一位虔誠的天主教徒，學識淵博，曾主辦《大公報》，又辦溫泉中學，該校舊址門外南面山上所刻「水流雲在」四個大字即是他的手筆。西方學者利瑪竇、湯若望、南懷仁曾在明朝、清初先後來到中國傳播西方科學文化，但西方傳教士對中國的文化教育始終沒有產生廣泛的影響。二十世紀初，列強開始用「庚子賠款」在中國興辦教育，西方教會也在中國興起辦學之風。在這種背景下，英老先生寫信給羅馬教宗，請求派專門人才來中國創辦學校。最初由英老先生聯合同人辦了一個學術團體叫「輔仁社」，後來羅馬派來一個天主教的分會辦起輔仁大學。

　　陳垣先生家世是基督教信徒（路德派），本人又是歷史學家，特別是宗教史專家。他在做國會議員和教育部次長時，曾以自己蒐羅的元代「也里可溫」（天主教）的歷史記載向英老先生求教，英老先生即高興地把自己收集的材料補充給他，於是二人結下友誼。等輔仁大學建校後，英老先生即延聘陳垣先生任校長。當時很多天主教同道不贊成聘任不同教派的人任校長，但英老先生不是拘泥教派成見的人，他深信陳垣先生的人品學問，力排眾議，堅持己見，正式聘請陳垣先生任輔仁大學的校長，從此輔仁大學成了學術的大學，而不是教派的大學。陳垣先生任輔仁大學校長後，曾延聘多位學者到校任教。他看重的是真本領、真水平，而不拘泥哪個黨派屬性、哪個大學出身、哪個宗教信仰。物理、化學多請西方專家，文學院請沈兼士任院長，國文系請尹石公先生任主任，接替他的是余嘉錫先生，歷史系請張星烺先生任主任，教授有劉復、郭家聲、朱師轍、于省吾、唐蘭等先生，可謂人才濟濟，使得後起的輔仁大學頓時與避寇西南的西南聯大南北齊名。得益於是教會學校，尤其是董事會的權力實際由德國人把持，所以在淪陷期輔仁大學處於一種極特殊的地位：由於日本與德國是同盟的軸心國，

所以日本侵略者不敢接管或干涉輔仁大學的校務，只派一名駐校代表細井次郎監察校務，而這位日本代表又很識相，索性不聞不問，聽之任之，並沒給學校帶來什麼更多的麻煩。為此日本投降後，陳校長還友好地為他送行，真稱得上是禮尚往來，「人不犯我，我不犯人」了。因此，在淪陷期，輔仁大學扮演了一個特殊的角色：那些想留在北京繼續工作，又不願從事偽職的學者，那些在北京繼續學習，又不願當日本的亡國奴的青年，便紛紛投向輔仁大學，使它的力量陡然增加，在社會上的影響也日益擴大。我就是在這種背景下進入輔仁大學的，我有一首《金台》詩就是詠這種情景的：

金台閒客漫扶藜，歲歲鶯花費品題。
故苑人稀紅寂寞，平蕪春晚綠凄迷。
觚棱委地鴉空噪，華表干雲鶴不棲。
最愛李公橋畔路，黃塵未到鳳城西。

金台即指北京，因北京八景有「金台夕照」一說，「故苑」二句即詠淪陷區景色之凋零，「觚棱」二句是寫淪陷區「人氣」之衰微。「李公橋」即李廣橋，輔仁大學所在地，「黃塵未到」就是指日寇的勢力還不能籠罩輔仁大學之上。

我能從黃塵壓抑的敵偽機關來到這黃塵未到的清淨之地，心裏自然有一種解放的、甚至揚眉吐氣的感覺，心情特別好。我這個人本來就非常淘氣，也時常犯點兒壞，心情一愉快，便時常針對時局和學校的一些事編些順口溜。如當時在一般情況下兩個銀元可以買一袋白麵，但和股票似的，時漲時落，學校管財務、收學費的就要算計，到底收銀元好，還是收白麵好呢？我就作順口溜道：

……

銀元漲，要銀元，銀元落，要白麵。

買倆賣倆來回算，算來算去都不賺。

算得會計花了眼，算得學生吃不上飯。

拋出惟恐賠了錢，砸在手裏更難辦。

當時的校醫由生物系的主任張漢民兼任，他做生物系教授挺高明，但做醫生卻不太高明，動不動就給人開消治龍（一種消炎藥），要不就是打防疫針，總是這兩樣，好像《好兵帥克》裏的那位軍醫，動不動就知道給人灌腸一樣（現在想起來也不能怨他，那時學校肯定也沒有別的藥，再說日本人對得疫病的真活埋呀）。而且，他忙於工作和實驗，到校醫院找他經常撲空，於是我就給他也編了一個順口溜：

校醫張漢民，醫術真通神。

消治龍，防疫針，有病來診找不着門。

當時美術系辦得很蕭條，特別是西洋畫，只學一點低劣的石膏素描和模特寫生，而那些模特的水平也很差，都是花倆兒錢從街上臨時僱來的，於是我編道：

美術系，別生氣。

泥捏象牙塔，藝術小墳地。

一個石膏像，擋住生殖器。

兩個老模特，似有夫妻意。

衣冠齊楚不斜視，坐在一旁等上祭。

畫成模像展覽會上選，掛在他家影堂去。

我還給連續刷我的那位院長寫過順口溜，他當過市參議員和「國大」代表，解放前，趕最後班機逃到台灣，於是我寫道：

院長××真不賴，市參議員國大代。

……

事不祥，腿要快，飛機不來坐以待。

　　解放後革命老人徐特立先生寫信邀請他回來，保證他不會出任何問題，他真的回來了，入華北大學等革命大學學習培訓後，安排到北京市文史館工作。他還特意讓他的後太太，也是我認識的輔仁美術系的學生，請我到他家去敘敘。我覺得去見他難免兩人都尷尬，特別是他要知道我給他寫的順口溜，裏面還有大不敬的話，非得氣壞了不可，便藉故推辭了。

　　編順口溜是我的特長，其實我小的時候跟祖父學的那些東坡詩，如《遊金山寺》等，就是那時的順口溜，我早就訓練有素，所以駕輕就熟，張口即來。編完後還要在相好的同人間傳播一下，博得大家開懷一笑。這時，乖巧的柴德賡學兄就鄭重其事地告誡我：「千萬別讓老師知道！」是啊，我當然明白，他好不容易把我招進輔仁，我盡幹淘氣的事，他知道了，還不得狠狠剋我。

　　淘氣的還不只我一個，余嘉錫之子余遜也算一個。當時輔仁大學有一位儲皖峰先生，曾做過國文系主任。他喜歡吸煙，又不敢吸得太重，剛一嗽，就趕緊把手甩出去，一邊抽，一邊發表議論。他有些口頭語，和他接觸多了常能聽到。比如提到他不喜歡的人，他必說：「這是一個混帳王八蛋。」不知是不是受他的影響，我現在評價我看不上的人時，也常稱他為「混帳」。又比如他喜歡賣弄自己經常學習，知識面廣，就常跟別人說：「我昨天又得到了一些新材料。」當別人發表了什麼見解，提出意見時，他又常不屑一顧，總是反覆說：「也不怎麼高明」，「也沒什麼必要」。於是我們這位余遜學兄把這幾句話串起來，編成這樣一個順口溜：

有一個混帳王八蛋，偶爾得了些新材料，
也不怎麼高明，也沒什麼必要。

▲ 三十一歲時的啟功

　　試想，不淘到一定的水平，能編出這樣精彩的段子嗎？所以這則順口溜很快就流傳開了，聞者無不大笑。當然那位柴德賡學兄又要提醒道：「千萬別讓老師知道。」我至今也不知道，老師和儲先生知道不知道這段公案，可惜已無法查對了。

　　淘氣的不光是我們這些年輕老師，有些老教師有時也管不住自己。其實，淘點氣，犯點壞也是人之常情，只要適可而止，哪兒說哪兒了，別讓上司知道；也要看場合和對象，別讓人當面下不來台，鬧得無法收拾，就算不了什麼大事。就怕戳到人家最忌諱的地方，正像民諺所說：「打人別打臉，揭人別揭短。」國文系的尹石公（炎武）先生就趕上這麼一檔子事，他當時已經做到國文系主任了，他平常愛當面挖苦學生，言多有失，有時難免出格。他有兩位學生，一位叫張學賢，一位叫楊萬章，一次，他們倆作文沒寫好，於是尹石公當面譏諷他們道：「你居然叫張學賢，依我看你是『學而不賢』者也；你還叫楊萬章，我看純粹是『章而不萬』也。」按，「學而」是《論語》中的一章，「萬章」是《孟子》中的一章。他的諷刺確實很高雅，很巧妙，他大概也為自己的即興發揮很得意。不料第二天他再去上課，這二位給他跪下了，說：「我們的名字是父母所起，如果您覺得哪個字不好，

可以給我們改，我們學業有什麼問題，您可以批評，但您不能拿我們的名字來挖苦我們，這也有辱我們的父母。」尹先生一看二位較上真兒了，也覺得大事不好，連忙道歉，問有什麼要求沒有。這二位也真執着，說：「我們也沒什麼要求，只請求您以後別來上課了。」尹先生一看玩笑開得太大，沒法收拾了，便很識趣地寫了辭職報告，打點行裝，到上海文物管理委員會另謀職業去了，我 1957 年到上海還見到他。現在想起來，這雖是一時的笑談，但陳校長的教導：「對學生要多誇獎，多鼓勵，切勿諷刺挖苦他們」是多麼的重要。

關於學生編排老師，還有這樣一段傳聞，很有意思：有一位老師平時對學生很嚴厲，上課拿着點名冊，對學生說，你們要是不好好卜課，到期末，我叫你們全不及格，但到期末卻很仁慈，讓學生都及格了，學生管他叫「獸面人心」。還有一位老師，平時很和氣，課堂上總笑嘻嘻的，但到期末給很多學生不及格，學生管他叫「人面獸心」。還有一位老師，平時既很兇，考試時又很狠，大量地給不及格，學生管他叫「獸面獸心」。按道理說，還應該有一種「人面人心」的老師，問學生是否有，學生回答：「尚未發現，頂好的也就是『獸面人心』了。」學生的評價當然有偏頗的一面，但這也充分說明，老師要時時刻刻在學生面前注意自己的形象。

當時文學院的年輕教師有牟潤孫、台靜農、余遜、柴德賡、許詩英、張鴻翔、劉厚滋、吳豐培、周祖謨等。這些人年齡差不多，至多不到十歲，之間可謂「誼兼師友」，經常在一起高談闊論，切磋學業。抗日戰爭爆發後，好多位相繼離開了輔仁，剩下關係比較密切的只有余遜、柴德賡、周祖謨和我四個人還留在陳校長身邊，也常到興化寺街陳校長的書房中去請教問題，聆聽教誨。說來也巧，不知是誰，偶然在陳校長的書裏發現一張夾着的紙條，上面寫着我們四個人的名字，於是就出現了校長身邊有「四翰林」的說法，又戲稱我們為「南書房四行走」。這說明我們四個人名聲還不壞，才給予這樣的美稱，要不然為什麼不叫我們「四人幫」呢？周祖謨先生的公子在提到「四翰林」時，總把周祖謨放在第一位，其實，按年齡

▲ 1934 年 1 月，陳垣先生與部分教師在北京圖書館前
　 左起：牟潤孫、張鴻翔、陳垣、台靜農、柴德賡、儲皖峰

▲ 1947 年 5 月，胡適到輔仁大學講演後與教師合影
　 前排左起：周祖謨、柴德賡、陳垣、胡適
　 第二排左起：啟功、余遜、張鴻翔、劉乃和

▲ 1947 年 12 月，在陳垣先生舊居合影
前排左起：余遜、啟功、余嘉錫、陳垣、劉乃和、周祖謨

▲ 1947 年 4 月，余遜、啟功、柴德賡、周祖謨

▲ 1947 年 12 月 5 日與陳垣先生遊北海，在冰上留影
左起：啟功、陳垣、劉乃和、柴德賡

「序齒」，應該是余遜、柴德賡、啟功、周祖謨。余遜比我大七歲，柴德賡比我大四歲，周祖謨比我小兩歲。

余遜是余嘉錫先生的公子，對余老先生非常孝敬，算得上是孝子。余老先生在清朝末年做過七品小京官，清朝滅亡後，曾到趙爾巽家教他的兒子趙天賜讀書。尹石公辭職後，經楊樹達先生推薦到輔仁大學做國文系主任，所以他對楊先生非常尊敬和感謝。余遜曾在一篇文章中批評楊先生某處考證有誤，余老先生竟帶着他到楊府，令他跪在楊先生座前當面賠禮。楊先生很大度，連說：「用不着，用不着。」余老先生學問優異，博聞強記。國民黨統治時，設中央研究院，聘選院士，陳校長是評委，當第二天就要坐飛機到南京參加評選時，晚上余遜到陳校長那兒去，幾乎和陳校長長談徹夜，談的都是他父親如何用功，看過哪些書，做過哪些研究，寫過哪些文章和著作，取得什麼成就和影響等等，確實了不得。他也不明說請陳校長如何如何，但用意是非常明顯的；陳校長也不說我會如何如何，但心裏

▲ 1947 年 12 月，在「烤肉季」用餐　　　　　　　▲ 余嘉錫先生像
　左起：柴德賡、劉乃崇、啟功、陳垣

已是有數的，彼此可謂心照不宣，後來果然評上了。還讓曹家麒為他刻了一枚「院士之章」的大印。當然這都是余老先生的實力所致，大家都心服口服。他的二十四卷本、八十萬字的鉅著《四庫提要辨證》，對《四庫全書總目提要》的乖錯違失做了系統的考辨，並對所論述的許多古籍，從內容、版本到作家生平都做了翔實的考證，對研究我國古代歷史、文學、哲學及版本目錄學，都具有重要的價值。他為此書的寫作前後共耗費了約五十年的心血，確實是一部不朽的著作。其他如《目錄學發微》更被別人「屢抄不一抄」（這是他自己的話，意思是抄來抄去），《古籍校讀法》《世說新語箋疏》等也都是力作。余老先生的治學非常嚴謹，他臨終前，我到北京大學去探視，他還從抽屜裏取出續作的《辨證》的底稿，字跡雖然不像以前那樣端正工整了，但依然很少塗改，行款甚直。余老先生在輔仁還教過「秦漢史」，這部講稿是余遜所作，他也毫不避諱，在堂上公開說：「講稿是小兒余遜所作。」父親講兒子的講稿，兒子為父親寫講稿，二人都很自豪，這在當時也傳為美談。可惜余遜去世較早，否則成就會更大。

　　柴德賡為人很乖巧，所以當我們淘氣時，他總提醒我們千萬別讓老師

▲ 1948 年 4 月 25 日，啟功等人祝賀陳垣、余嘉錫先生當選中央研究院院士

知道。他對陳校長很尊重、很崇拜，也很能博得陳校長的喜歡。陳校長這
個人有這樣一個特點，特別是到晚年，誰能討他喜歡，他就喜歡誰，認準
誰，也就重用誰，即使這個人工於心計（這裏的這個詞不帶任何貶義），或
別人再說什麼，他也很難聽進去了。由於他能得到陳校長的信任，所以陳
校長經常把自己研究的最新情況和最新心得告訴他，他也常在課堂上向學
生宣傳、介紹陳校長的研究成果，在這方面他是校長的功臣。歷史系主任
一直由張星烺擔任，後因身體不好而辭職，陳校長便讓柴德賡接任。後來
據歷史系人講，有些人發起會議，當面指責他，把他說得一無是處，氣得
他面紅耳赤，最後還是鬥不過那些人，被排擠出輔仁，到吳江大學（後改
為蘇州師範學院）去任歷史系主任。「文化大革命」中因得到平反而過於激
動，不幸死亡。他在調任蘇州後，曾寫詩相寄，我讀後不禁感慨萬千，追
憶當年友情，寫下一首《次韻青峰吳門見懷之作》：

回環錦笥夜三更，元白交期孰與京。

覺後今吾真大滌，拋殘結習尚多情。

編叨選政文無害，業羨名山老更成。

何日靈岩陪蠟屐，楓江春水鑒鷗盟。

　　「編選」一句是說自己現在只能參加一些編寫文選的工作，可以選一些雖非有益，但亦無害的作品，因此特別羨慕柴德賡那些可以藏之名山的著作。確實，柴德賡在歷史學研究上卓有建樹，令人欽佩。這裏存在一個小小爭議：陳校長曾有一部歷史講稿，用油印出過一份，柴德賡就根據這份材料加工成自己的《史籍舉要》，這裏面當然有很多與陳校長內容相同的部分，但這也不好過於追究責備，如古代的《大戴禮記》和賈誼的《新書》，有很多重的地方，也很難說誰抄誰的，可能都是把老師的講稿放進去造成的。

　　我們這些學生都怕陳校長的「一指禪」。原來陳校長想批評我們時，常常不用過多激烈的言辭，而是伸出右手食指衝你一指。一看到這個手勢，我們就知道自己必定是哪兒出錯了。記得柴德賡在談到清朝爵位時就遭到這樣的尷尬。原來清朝為同於古代公、侯、伯、子、男的五等爵位制，也把爵位分為五等，即親王、郡王、貝勒、貝子、公。「親王」又稱「和碩親王」，後面是漢語，前面是滿語音譯，意為四分之一，即他可以擁有皇帝四分之一的權力；「郡王」又稱「多羅郡王」，「多羅」是滿語降一等的意思，郡王即地方王，清朝已取消郡一級的設置，但仍稱郡王，有點不倫不類，滑稽可笑；「貝勒」純屬滿語，金朝時稱「勃極烈」，漢意為大官、高官，最初女真部落的酋長一般都稱「貝勒」；「貝子」比「貝勒」又降一等，金朝時稱「勃堇」；「公」又是漢族傳統，是民爵中最高的一等。比如溥雪齋的爵位是貝子，他的父親是貝勒。有一回老師與柴德賡和我等一起聊天，說起溥雪齋父子，我說他們是「勃極烈和勃堇」，陳校長一聽就明白了，但柴德賡卻不知所云，問道：「什麼勃極烈、勃堇？」老

師於是朝他用右手食指一指，言下之意是你研究歷史，怎麼連金史也沒讀過，弄得柴德賡非常狼狽。我想他那天回去一定會連夜翻看金史的。又有一回，我作了一首有關溥心畬的詩，寫的是他故宅恭王府的海棠，海棠常稱「西府海棠」，「西府」是海棠的品種之一，以西府所產最出名，所以我的詩中有「勝遊西府冠郊壇」之句，這裏的「西府」既指恭王府的故址，更指海棠花。我拿給陳校長看時，柴德賡也正在旁邊，突然冒出一句：「恭王府又叫西府嗎？」顯然他又誤會了。陳校長仍不說話，又用手朝他一指，柴德賡馬上意識到又出錯了，臉都紅了。牟潤孫兄有名士風度和俠義風度，台靜農先生被憲兵隊關押時，他曾不顧危險地去看望，並一大早跑到我這兒特意關照，不要再去台家。他平常不太注意修邊幅，經常忘刮鬍子，每逢這時去見陳校長，陳校長就用手朝他的下巴一指，他就知道又忘了刮鬍子，惶恐不已。後來就養成每見陳校長必先摸下巴的習慣，但百密仍有一疏，有一回臨見校長之前，忽然發現又沒刮鬍子，回去已來不及了，趕緊跑到陳校長隔壁不遠的余嘉錫先生家，找余遞借刀子現刮，那時他們都住在興化寺街，陳校長住東院，余先生住西院。余嘉錫先生也很風趣，和他開玩笑說：「你這是『入馬廄而修容』。」原來當年有「曾子與子貢入於其廄而修容焉」（見《禮記·檀弓》）的記載，不想這次讓牟潤孫趕上了，說罷，大家不由開懷大笑。文人很有意思，有時開個玩笑都顯得那麼高雅、有品位。

輔仁大學內給我印象最深的地方之一是教員休息室，那裏可以稱得上是真正的「學術沙龍」，大家自發地在那裏組織各種輕鬆自由的讀書會。大家都願意早來會兒，晚走會兒，或者乾脆特意到這裏坐一坐，海闊天空地聊一聊，來的又都是各專業的專家，無拘無束，沒有一定的話題，沒有固定的程序，大家就最近所看的書，所發現的問題，隨便借一個話茬就發表一些見解，各說各的，用不着長篇大論，三言兩語，點到為止，反而更顯真知灼見。即使有時有不同意見，誰也不用服從誰，平等交談，說完即止。有的話題大家都感興趣，也許會持續說好幾天，有

的人會回家查查資料，第二天繼續說。有的話題是本專業的，發表意見的機會可能更多；有的是非本專業的，聽起來更覺新鮮，也會有很多收穫。比如，當時李石曾之子李宗侗翻譯了一部摩爾根的《世界古代史》，在學術界影響很大，成了大家一時的話題，大家都紛紛發表意見，我也從中了解了西方史學家的史論，確實人家有人家的一套，值得借鑒，就連陳校長也受到影響，趕緊找來看。這也再次證明陳校長思想一貫開明開放，雖然他是搞中國古代史的，但他絕不死守一面、故步自封，還時刻關切學術界的最新動態。

　　有時教員休息室又會變成書畫展覽室，老師們會把自己的書畫作品陳列在這裏供大家觀摩。余嘉錫老先生愛寫隸書，有時將自己的作品拿到休息室，用圖釘釘在牆上展示一番。一次我花了十二元，買了一張破山和尚的條幅：「雪晴斜月侵簷冷，梅影一枝窗上來」，也掛到休息室供大家欣賞。正巧，陳校長推門進來，看了十分喜歡，便開玩笑地對我說：「你這是給我買的吧？」我當然連聲說：「是」，他便高興地「笑納」了。我開始還有點捨不得，後來一想這也叫物歸其主，因為陳校長歷來喜歡收集和尚的書法作品，並且深有研究。原來我對和尚禪僧的書法風格有一點總想不明白：為什麼他們的字無論大小，都有一種灑脫疏朗的共同風格？後來和陳校長談起這個問題，他說，和尚衣服的袖子比一般人都寬大得多，他們寫字時一定要用另一隻手把袖子攏起，因此必定都是大懸腕，所以寫起來，也就格外不拘謹。我聽了大受啟發，後來格外注意觀察和尚寫字時的情景，果如陳校長所言。後來我住黑芝麻胡同時，花四元錢買了一副陳蘭甫（陳澧）的對聯，寫得非常好，陳校長聽說後特意坐他的專車到我這兒來，進門一看，又說：「你這是給我買的吧？」我又連忙堅定地說：「是」，心裏真佩服陳校長的手段。他知道如果給我們錢，我們也是不會收的，心裏反而不踏實，不如用這樣開玩笑的方法，彼此更融洽。現在想起這些趣事，他老人家幽默風趣的音容笑貌仿佛就在眼前。但陳校長開這種玩笑是心裏有譜的。後來我被劃為右派，工資也降了，陳校長知道我生活困難，如果再想

要什麼字畫，就不再這樣開玩笑了，而是主動給我錢，讓我去代買，我能感受到他打心眼兒裏是非常體貼我的。你看，説來説去又回到了老校長身上，他對我的影響真是無時不在、無處不在。

　　唉，找永遠難忘陳老校長對我的似海恩情，永遠難忘在輔仁人學度過的美好年華，那古色古香的主樓建築，那典雅幽靜的後花園，那裝飾簡樸的教員休息室，還有陳老校長「一指禪」的音容和「教師」「官吏」「三十元」「五十歲」的話語，直至今日還常在我的眼前和耳畔浮現繚繞。我珍惜這段美好的時光！

▲　原輔仁大學主樓

▲　原輔仁大學後花園

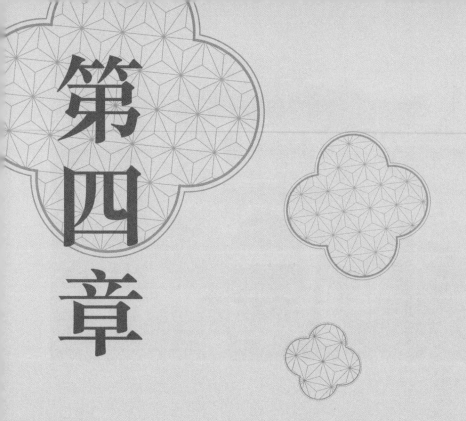

第四章

我與師大

一次在看大字報時偶遇到陳校長，他只以充滿疑慮與迷茫的神情低聲地對我說了一句：「這究竟是怎麼了？」便消失在人群中，我望着他的背影不知怎樣回答他，安慰他。而像我這樣久經沙場的被改造對象倒是有清醒的思想準備，看這架勢，更要「夾着尾巴做人」，好好接受改造了。

一、院系調整

1949 年初，北京迎來和平解放，10 月 1 日中華人民共和國宣告成立，中國進入了一個翻天覆地的時代。在陳校長的帶領下，輔仁同人積極投入到新生活中。陳校長不顧七十高齡，帶領大家親自到西直門迎接解放軍入城，親自組團到西南地區參加土改鬥爭，堅決和羅馬教會單方面斷絕資金進行了針鋒相對的鬥爭。在這種形勢的鼓舞下，我也響應號召，積極報名參加湖南澧縣的土改運動。我們一行人是由統戰部組織的，因此不算正式的工作隊成員，只是以參與者的身份出現。所以這一行人的成分十分複雜，可謂五花八門。我記得有一位和尚叫趙宣，他為人很善良，到老鄉家最喜歡抱孩子，而且抱得很專業、很熟練，令人匪夷所思。還有一位蔡牧師，當地人唸不準「蔡牧師」的音，把他的名字寫成「才木四」。還有一位江專員，是土改團的領導之一，他原來是土匪頭子，後來參加了起義，算起義有功人員，進入領導班子。那時制度還不健全，隨意性比較大，江專員的政策水平也跟不上，經常出現被動局面。如最初抄了地主家，就把東西隨便分給農民，後來新政策下來，規定先要編號，再有計劃地分配。那

位江專員性格很豪爽，每遇到棘手的事就連罵幾聲「扯蛋」完事，大家都知道他這個口頭禪。有這麼多形形色色的人參加土改，也可見當時運動規模之大、之盛。這恰是建國初的特點，什麼都搞得轟轟烈烈的。

　　1952年前後在教育戰線上搞得轟轟烈烈的運動是院系調整和向蘇聯學習。解放後輔仁大學中文系也作了調整，余嘉錫主任退任，由蕭璋先生接任，其他教師照舊。1952年實行院系調整，輔仁大學與師範大學合併，成立新的北京師範大學，陳垣先生以其不可代替的威望任新校長，中文系由黃藥眠先生、蕭璋先生任正副主任。這時建國大略是向蘇聯學習，各行各業都要學，惟蘇聯馬首是瞻，蘇聯怎麼走，我們也怎麼走；蘇聯有什麼，我們也要有什麼；蘇聯有誰，我們也要有誰，而且要叫「中國的｜誰誰誰，如吳運鐸就叫「中國的保爾‧柯察金」，黃繼光就叫「中國的馬特洛索夫」，王崇倫就叫「中國的斯達漢諾夫」。教育戰線當然也不例外，蘇聯按教研室構制，中國也要按教研室構制；蘇聯有教學大綱，中國也要有教學大綱。當時中文系設有文藝理論、古典文學、民間文學、古代漢語、現代文學、兒童文學等專業，不侫有如我這樣的雜家，只好歸入古典文學教研室。至於我的書畫創作只能停止，因為它們不屬於本教研室的範圍，繼續從事，就是不務正業。當時的主任是譚丕謨先生，教師有劉盼遂、李長之、王汝弼、郭預衡等先生。說起教學大綱，這裏面的曲折更多。當時由教育部副部長柳湜在王大人胡同的一個招待所裏召集全國高等師範院校的教授、副教授開會討論古典文學的教學大綱，其思想方法仍脫離不開上述模式。比如說蘇聯（其實那時還沒有蘇聯呢）有一個最偉大的詩人，被加上諸如人民詩人、愛國詩人頭銜的普希金，那中國誰可以和他相比呢？杜甫太封建正統，李白太另類不正統，都不合適，於是找來找去找到一個屈原，屈原就成了「中國的普希金」，雖然沒這樣明說，但思路毫無疑問是這樣的。這還罷了，其實屈原有很多好東西，有那麼多的作品，但是為了突出所謂的革命性、人民性、進步性，又必須濃縮出屈原在這方面的代表作，於是屈原的偉大又被簡單化地歸結為「長太息以掩涕兮，哀民生之

多艱」。且不管這「民生」怎麼講，反正屈原的偉大就在於這「哀民生之多艱」，因為它有人民性。同樣的道理，要想使杜甫能立得住，那杜甫的偉大就要歸於「朱門酒肉臭，路有凍死骨」這一句上。試想，這樣的教學大綱會多難產，即使產出來，也只能把一部活生生的中國文學史簡單化為僵死的教條。

在這種背景下，有些「左派」應運而生，他們趕緊學些馬列理論來武裝自己，拉大旗作虎皮，專整別人，在他們眼裏，別人皆錯，惟我獨尊。這種人到處都有。任教育部教學大綱編寫組主任的是一位東北的教授，他曾去過延安，入過黨，自然知道一些馬列主義的理論詞彙，也自然當仁不讓地擺出老革命的架勢。他重點的批判對象是逯欽立先生，不管逯欽立先生怎麼說，他都能找出批判的理由。他在主持編寫教學大綱時，還提出要批判絕對主義的觀點，因為蘇聯批判了絕對主義，中國當然也要批，這就需要找一個相應的靶子，於是厄運就降臨到「律詩」身上，因為律詩最講究形式美，在那重內容、輕形式的時代，它是最方便的替罪羊，形式主義、唯美主義，都可以扣到它頭上，絕對主義當然也不例外。這就像一旦誰成了重點的批判對象後，什麼髒水都可以潑到他頭上一樣。許多人對這種機械學蘇聯的極「左」學風都很反感，但又不敢直接提出反對意見。我也如此，但又不甘，總想找個機會刺一刺。當聽到律詩是絕對主義，應該批判的「高論」後，我和施蟄存先生交換了一下眼色後，向他發難道：「如果律詩算絕對主義的話，那麼絕句和詞算什麼呢？絕句在形式上可以看成律詩的一半，詞在形式上可以看成長短句的詩，那絕句是不是可以稱為『半絕對主義』呢？詞是不是可以稱為『自由絕對主義』呢？」氣得他夠戧。以後他就稱病不出了。

上有所好，下必效之。教育部有這樣的主任，師大也有這樣的教授。有一位教授，雖不是黨員，但比黨員還黨員，成了當時的「理論大師」。他現淘換一些馬列主義的詞彙標籤到處唬人，也想找隻老虎來打。他的學問是很有功底的，也深通義理之學，把中國的傳統義理偷換成馬列主義概

念，對他來說並不費事。他專剋李長之先生。李長之先生曾留學德國，學習現代哲學，這便於給他扣上資產階級的帽子；李先生文筆又特別快，可以一夜寫出近萬字的論文，而且筆帶感情，這更容易讓人挑毛病。所以這位教授就死看（kān）上李長之先生了。更不幸的是，那時學蘇聯，還特別盛行互相聽課，教研組要定期組織觀摩課，聽完以後要講評。所謂講評，那時更多是批判。在這位教授看來，李長之先生怎麼講怎麼錯，李長之從這方面講，他就從那方面上綱；下次李長之吸取教訓從那方面講，他又從這方面上綱。比如這次從總體上提出一些觀點，他批判你不懂得馬列主義具體問題要具體分析的原則；下次你具體分析了某些現象，他又批判你不講馬列主義的普遍原理。總是反着給你挑出一大堆毛病，還都冠冕堂皇的，弄得李長之無所適從，開口就錯，再有才華，也只好甘拜下風。有時我們覺得李長之講得並不錯，但在馬列主義的陣勢下，也不敢為他分辯。更高明的是，在一般人看來根本與政治、馬列毫不相干的東西，比如詞義、典故，他也能別出心裁地附會一番，顯出他的卓爾不群。如講陶淵明《歸園田居》的「雞鳴桑樹顛」一句，這本很清楚，並沒有什麼特殊的地方，他卻說這句是由樂府民歌「種桑長江邊，三年望當採」化出的，因為樂府民歌是帶有「人民性」的，只有這樣講，才能說陶淵明也有人民性，才有進步意義，才值得一講。這種考據兼義理的方法，真不愧新時代乾嘉和桐城的「後學」。

按教研室建構必然帶來一個相應的特點，即把某一課程切割成若干段。就拿我所在的古代文學教研室來說，就要把一部中國文學史分成先秦段、兩漢段、魏晉南北朝段、隋唐段、兩宋段、金元段、明清段等等。各段相對獨立講，講唐詩的不能講宋詩，講宋詞的不能講清詞，如果講了，必定有人會說你超出了範圍。更不用說講古代的講到了現代，講現代的追溯古代了。於是你要想從與宋詩的對比中講唐詩，那只能等到講宋代時才行；你如果要講宋詞對清代常州詞派與浙西詞派的不同影響，那只能等到講清代時才行。如果要是一個人一直講下去，還好說，但這種體制下，往

往是一人只專攻一段，甚至出現講《左傳》的不會講《史記》，講「雜劇」的不會講「傳奇」。講宋詞的哪裏會知道講清代的如何去講常州派、浙西派？但教學大綱規定了那部分屬於清代，講宋代的就不能講，否則就是違背了大綱的完整性、科學性、系統性。於是大家都在被煩瑣切割的部分中，不敢越過雷池一步地按大綱規定的內容去講，即使對某些部分有很好的研究和理解也不敢多發揮。人的主觀能動性被他自己制定的條條框框侷限住了。大綱成了一架按圖紙組裝成的機器，而每個人只能是它上面的一個孤立零件，各自只管擰緊自己的螺絲就行了。我曾打過這樣的比喻，分段教學，好比吃魚，吃魚才講究分段。但一條魚從第幾片鱗起算中段，又從第幾片鱗起算後段呢？這顯然只能是大致的分，沒有絕對的標準。魚可以硬切割成段，裹上麵一炸，也談不上合理不合理了，但文學是有血有肉的有機整體，現在卻要把這完整的體系硬生生地肢解成幾段。不錯，中國的古代文學確實經歷了漫長的發展階段，各時期有各時期的特點，一代有一代之文學，適當地分期是應該的，也是必須的；但階段再不同，文學的本質是相通的，前後的傳承是有機的，死板地分段是不可取、不科學的。這正像中國古代笑話所說，一個人中了箭，去看外科醫生，外科醫生只給他把身外的箭桿剪斷，就算完事，中箭人問他身內的箭頭怎麼辦，外科醫生說：「去找內科醫生去，那是他的事。」這樣簡單地分科行嗎？

在這種體制下我是有力使不出來。嚴格地說，我哪個學科都不屬，更不用說屬於哪個學科的哪段了。當時的文學史課屬於理論性很強的課，因為它牽扯到唯物史觀和唯心史觀的大是大非的問題，一定要由馬列主義理論水平高的人來主講，像我這樣被「公認」為不懂馬列的人是不配講這門課的，只能當配角。出於這樣的原則，當時由譚丕謨先生擔任文學史的主講，因為他是老黨員、老革命，也正因為此，才特意把他調來擔任教研室主任的。我只能配合他講點作品選。所以他上課我都要去聽，並且詳細地作筆記，他在課上強調誰的哪句是符合馬列革命性、人民性的，不管我心裏怎麼想，我在講相關作品時，也照這方面去發揮，這樣保險啊。譚丕謨

先生知道後，還誇獎我配合得好。後來我成了右派，連聽課和上作品選的資格也沒有了。譚丕謨先生人很好，雖然我和李長之成右派後，他也批我們，但那是既定方針，不能怪他，不像上面所說的某些人，把批判別人當作一種塗炭異類的樂趣，把踐踏別人當作表現自己一貫正確、惟我獨「左」的手段。

這種體制不但要控制你講授的內容、範圍，而且要規定你的講授方法、形式。記得有一陣特別興盛提問式教學法，目的是活躍學生的思維，提高學習積極性，出發點是好的，但一有意識地提倡、推行就會出偏差，正所謂過猶不及。記得有一年我帶幾個學生到中學進行教學實習，實習點是北京三中，這是一所不錯的學校，正好中學派給我們的指導教師是我輔仁的學生，他在三中也算是資深教師了。實習的學生先要聽他的示範課，以便自己上課時在教法上有所依據。他選的課文是管樺的《小英雄雨來》，內容大致是說日本鬼子抓住雨來後，強迫他帶路抓八路軍，雨來半路勇敢地跳到河裏，於是鬼子向河裏密集開槍。文章巧妙之處在於到此而止，不再具體交代雨來的生死。於是這位老師便設計了這樣一個問題進行課堂討論：「雨來死沒死？」如果說他沒死，那「為什麼沒死」？他希望有一部分學生說他死了，一部分學生說他沒死，然後各自提出理由，進行辯論。但沒想到從第一個學生開始，結論就很明確：「雨來死沒死？」「沒有。」「為什麼沒死？」「因為他的精神不死。」這答案和教學參考上的完全一樣。但這一教學環節在教學計劃上起碼要進行多半堂課，這樣結束了豈不違背了教學計劃和大綱？於是他又叫第二個：「雨來死沒死？」「為什麼沒死？」第二個仍然答道：「沒死。」「因為他精神不死。」這位老師一看沒人說雨來死了，好引起爭論，只好硬着頭皮接着往下叫，說來也怪了，所有的學生都是同樣答案，於是這位老師只能把多半班的同學都叫起來去問同一個問題：「雨來死沒死？」「為什麼沒死？」而多半班的同學都不斷重複着同一答案：「雨來沒有死。」「因為他精神不死。」課後大家評議，照例還要說一番課堂教學生動活潑、課堂氣氛熱烈等套話。我也不便當着學生面說

什麼，但當他底下找到我再徵求意見時，我卻不客氣地和他開玩笑說：「雨來倒是沒死，我可死了——讓你給磨煩死了。」我舉這樣一例，意在說明什麼方法都是因人而立、因時而立的，個人應該根據不同的對象、不同的環境靈活運用，一到了必須按一定模式去進行時，必然成為僵死的教條，不會取得好效果。孔子早就說過要「因材施教」嘛。

也是在這股風氣下，為了更好地面向中學，北師大從中學調來好幾位資深的中學語文教員，來充實「教學法」教學。我在中學待過，知道那裏藏龍臥虎，有的是人才；我也深知教學方法的重要，我在紀念老校長的文章《夫子循循然善誘人》中曾把老校長總結並傳授我們的經驗總結成九條「上課須知」，文章發表後，很多人把這九條抄錄下來當作教學指南，足見它的重要性。這些方法經驗的條文誰都一看便懂，並不深奧，但關鍵是如何結合實際情況落實到教學實踐中，並不是說學了這些紙面上的經驗，實際水平和能力就提高了。一門心思地專摳教學法並不能當一個好教師，它只是一種輔助的方法，並不是教師水平的全部。而那時對教法看得太重了，甚至把它看成提高教師水平的靈丹妙藥和捷徑，好像學生掌握了幾套好教案，也能把中學課文教得像他們一樣生動熱鬧，就像他們在示範課上講的《鴻門宴》和《武松打虎》那樣又畫圖，又表演一樣，將來就能當個好老師。事實證明，幾位老中學教師的調入並沒有給師大帶來明顯的效果，他們自己的地位也很尷尬，沒有相應的職稱給他們定級，他們的作用也難以得到真正的發揮。

而這種認識偏差，更加重了輕科研、重教學的傾向。有的人認為師範大學就是為培養合格的中學教師服務的，因此師範大學的老師只有把學生的基礎知識打牢，再學些教學法才是正業，其他都不是正業，搞科研沒必要，再搞書畫詩詞創作更是不務正業。就以師大初建時任副系主任，後來又擔任過主任的那位教授來說，直到晚年還堅持這種觀點，開會時還總說當年蘇聯專家如何如何。據說他帶研究生最後不許他們做論文，學生沒辦法，只好到處找別的老師指導。我舉這個例子，並不是對他個人有什麼

意見，各人有各人的觀點，我只想說明，在很長時間內師範院校片面重教學、輕科研的傾向多麼根深蒂固。現在北師大已提出建設綜合性、研究型的大學，我覺得是非常對的，是辦學思想上的一大進步。

二、反右風波

1957 年北師大由陳校長親自主持評議新增教授人選。我在輔仁和師大幹了這麼多年，又是陳校長親自提拔上來的，現在又由陳校長親自主持會議，大家看着陳校長的面子也會投我一票。那天散會後我在路上遇到了音樂系的鋼琴教授老志誠先生，他主動和我打招呼：「祝賀你，百分之百的通過，贊成你任教授。」我當然很高興。但好景不長，教授的位置還沒坐熱，就趕上反右鬥爭，我被劃為右派，教授也被黜免，落一個降級使用，繼續當我的副教授，工資也降了級。說起我這個右派，還有些特殊之處。我是 1958 年被補劃為右派的，而且劃定單位也不是我關係所在的北京師範大學，而是中國畫院。而且別的右派大都有「言論」現行，即響應黨「大鳴大放」的號召，給黨提意見，說了些什麼。我是全沒有。事情的經歷和其中的原委是這樣的：

我對繪畫的愛好始終癡心不改，在解放前後，我的繪畫達到了有生以來的最高水平，在國畫界已經產生了相當的影響。解放後的前幾年文化藝術還有一些發展的空間，我的繪畫事業也在不斷前進。比如在 1951～1952 年期間，文化部還在北海公園的漪瀾堂舉辦過中國畫畫展，我拿出了四幅我最得意的作品參展。展覽後，這些畫也沒再發還作者，等於由文化部「收購」，據說後來「文化大革命」時，不知被什麼人抄走都賣給了日本人。文革後，又不斷被國人買回，有一張是我最用心的作品，被人買回後，還找到我，讓我題詞，看着這樣一張最心愛的作品毫無代價地就成了別人的收藏品，我心裏真有些惋惜，但我還是給他題了。在事業比較順利的時候，

心情自然愉快，我和當時的許多畫界的朋友關係都很好，心情一愉快，我就愛淘氣，在一次聯誼會上我為很多畫家和書畫界的朋友的名字編了一系列的燈謎，供大家猜，有的至今我還記得：

慢慢地，拿着耍。

打開看，頭胎馬。

（打兩個人名）

（謎底是：「徐操」和「張伯駒」）

走近河旁，越洗越髒。

躲進破牆，難逃法網。

是庵是廟，不夠明朗。

文字革新，莫認工廠。

（打一人名）

（謎底是「于非闇」。按：此謎語講究頗多。古「污」字可寫作三點水加「于」字，故有前兩句；他自己又常把「非」字寫成「匪」字，古代這兩字相通，故有次兩句；他還常把「闇」字寫成「菴」或「庵」，故有下兩句；他自己還常把「闇」字寫成「厂」字，此二字古代也相通，故有最後兩句。）

家住在城北，其實並不美。

中間一張嘴，兩邊有分水。

有頭又有尾，下邊四條腿。

名在《爾雅》內，卻非蟲魚類。

翻到《釋親》章，倒數第一輩。

出言莫怪罪，小市民趣味。

（打一人名）

（謎底是徐燕蓀，「蓀」也作「孫」。按：此謎語有許多典故出處。城北徐公用的是《戰國策·齊策》「鄒忌諷齊威王納諫」的故事。《爾雅》是中國最古的一部字書，是按事物的種類編排的，古人認為讀它可多識草木蟲魚的名稱。在《釋親》章中，解釋子孫的各種名稱時有這樣的話：「子之子為孫，孫之子為曾孫，曾孫之子為玄孫，玄孫之子為來孫，來孫之子為雲孫。」又，小市民罵人常罵對方為「孫子（zěi）！」）

因我和他們都很熟識，特別是徐燕蓀，所以才敢這樣編排他們。他們當然「懷恨在心」，想報復我，也想給我編點「損」的，但又編不出這麼文雅的。為此我很得意。

後來繪畫界準備成立全國性的專業組織——中國畫院，要成立這樣一個有權威、有影響的組織，必須由一個大家都認可的人物來出面，很多人想到了著名學者、書畫家葉恭綽先生。此事得到了周恩來總理的支持。當時葉恭綽先生住在香港，周總理親自給他寫信，邀請他回來主持此事。葉先生被周總理的信任所感動，慨然應允。回來後，自然成為畫院院長的最熱門人選。葉先生是陳校長的老朋友，我自然也和他很熟識，而且有些私

▶ 葉恭綽先生像

交。如當我母親去世時，我到南城的一家店去為母親買裝裹（入殮所穿之衣），路過榮寶齋，見到葉先生，他看我很傷心，問我怎麼回事，我和他說起了我的不幸身世以及我們孤兒寡母的艱辛，他安慰我說：「我也是孤兒。」邊說邊流下熱淚，令我至今都很感動。又如他向別人介紹我時曾誇獎說：「貴冑天潢之後常出一些聰明絕代人才。」所以承蒙他的信任，有些事就交給我辦，比如到上海去考察上海畫院的有關情況和經驗，以便更好地籌辦中國畫院，為此我真的到上海一帶作了詳細的調查研究，取得了很多經驗。這樣，在別人眼裏我自然成了葉先生的紅人。但這種情況卻引起了一些人的嫉恨。當時在美術界還有一位先生，他是黨內的，掌有一定的實權，他當然不希望葉先生回來主持畫院，深知葉先生在美術界享有崇高的聲望，他一回來，大家一定都會站在他那一邊，自己的權勢必定會受到很大的傷害，而要想保住自己的地位，就必須藉這場反右運動把葉先生打倒。而在這位先生眼中，我屬於葉先生的死黨，所以要打倒葉先生必須一

▲ 中國畫院成立合影
前排右起十九、二十：周恩來、葉恭綽　　第二排右起八：啟功

併打倒我，而通過打倒葉先生周圍的人也才能羅織罪名最終打倒他。於是我成了必然的犧牲品。但把一個人打成右派，總要找點理由和藉口，但凡了解一點我的人都知道，我是不會在所謂給黨提意見的會上提什麼意見的，不用說給黨提意見了，就是給朋友，我也不會提什麼意見。但怎麼找藉口呢？正應了經過千錘百煉考驗的那條古訓：「欲加之罪，何患無辭？」經過多方蒐集挖掘，終於找到了這樣一條罪狀：我曾稱讚過畫家徐燕蓀的畫有個性風格，並引用了「春色滿園關不住，一枝紅杏出牆來」的詩句來形容稱讚他代表的這一派畫風在新時代中會有新希望。於是他們就根據這句話無限上綱，說我不滿當時的大好形勢，意欲脫離黨的領導，大搞個人主義。當時的批判會是在朝陽門內文化部禮堂舉行的，那次會後我被正式打成右派。葉恭綽先生，還有我稱讚過的徐燕蓀先生當然也都按既定方針被打成右派，可謂一網打盡。至於他們二人被打成右派的具體經過和理由我不太清楚，不好妄加說明，但我自己確是那位先

生親自過問、親自操辦的。當然這場運動勝利之後，他在美術界的地位更炙手可熱，呼風喚雨了。

　　我也記不清是哪年，大約過了一兩年，我的右派帽子又摘掉了。我之所以記不清，是因為沒有一個很明確鄭重的手續正式宣佈這件事，而且當時是在畫院戴的，在師大摘，師大也說不清是怎麼回事，總之我稀裏糊塗地被戴上右派帽子，又稀裏糊塗地被摘掉帽子。當時政策規定，對有些摘帽的人不叫現行右派分子了，而叫「摘帽右派」——其實，還是另一種形式的右派。我雖然沒有這個正式名稱，但群眾哪分得清誰屬於正式的「摘帽右派」，誰不屬於「摘帽右派」？當時對「摘帽右派」有這樣一句非常經典的話，叫「帽子拿在群眾手中」——不老實隨時可以給你再戴上。我十分清楚這一點，日久天長就成了口頭語。比如冬天出門找帽子戴，如發現是別人替我拿着，我會馬上脫口而出：「帽子拿在群眾手中」；如自己取來帽子，馬上會脫口而出：「帽子拿在自己手中。」不管拿在誰的手中，反正隨時有重新被扣上的危險，能不如履薄冰、如臨深淵、戰戰兢兢嗎？日久天長，熟悉我的人都知道這個典故，冬天出門前，都詢問：「帽子拿在誰的手中？」或者我自己回答：「帽子拿在自己手中呢。」或者別人回答：「帽子拿在群眾手中呢。」

　　有人常問我：「你這麼老實，沒有一句言論，沒有一句不滿，竟被打成右派，覺得冤枉不冤枉？」說實在的，我雖然深知當右派的滋味，但並沒有特別冤枉的想法。我和有些人不同，他們可能有過一段光榮的「革命史」，自認為是「革命者」，完全是本着良好願望，站在革命的或積極要求進步的立場上，響應黨的號召，向黨建言獻策的，很多人都是想「撫順鱗」的，一旦被加上「批逆鱗」的罪名，他們當然想不通。但我深知我的情況不同於他們。當時我老伴也時常為這件事傷心哭泣，我就這樣勸慰她：「算了，咱們也談不上冤枉。咱們是封建餘孽，你想，資產階級都要革咱們的命，更不用說要革資產階級命的無產階級了，現在革命需要抓一部分右派，不抓咱們抓誰？咱們能成『左派』嗎？既然不是『左派』，可不就是

右派嗎？幸好母親她們剛去世，要不然讓她們知道了還不知要為我怎麼操心牽掛、擔驚受怕呢？」這裏雖有勸慰的成分，但確是實情，說穿了，就是這麼回事，沒有什麼可冤枉的，沒有什麼可奇怪的。我老伴非常通情達理，不但不埋怨我，而且踏下心來和我共渡難關。直到「文化大革命」後，撥亂反正，我的右派才算徹底、正式平反。我當時住在小乘巷的斗室裏，系總支書記劉模到我家宣讀了正式決定，摘掉右派帽子，取消原來的不實結論。我當時寫下了幾句話，表達了一下我的感想，其中有「至誠感戴對我的教育和鼓勵」。在一般人看來，既然徹底平反，正式明確原來的右派是不實之詞，那還有什麼教育可談？所以他還問我這句是什麼意思，以為我是在諷刺。其實，我一點諷刺的意思也沒有，這確實是我的心裏話：從今

▲ 葉恭綽先生墨跡

我更要處處小心，這不就是對我的教育嗎？而令我奇怪的是，摘帽之後，那位給我戴帽的先生好像沒事人一樣，照樣和我寒暄周旋，真稱得上「翻手為雲覆手雨」，「宰相肚裏能撐船」了。

要說右派的故事，還要屬葉恭綽先生，他可是真冤啊。我當時是個無名小卒，但他是大名鼎鼎的社會名流，又是受周總理親自邀請真心誠意地抱着報效國家的願望回來的，但回來沒落個別的，卻落個右派，怎麼能不冤？他也到處申訴。怎麼向別人申訴我不知道，但通過陳校長我卻知道。他和陳校長是多年的至交，在輔仁時期即過往甚密，打成右派後，他給陳校長寫了很多信，既有申明，又有訴苦，極力表白自己不是右派，並想通過陳校長的威望告白當局和大家。陳校長也真夠仗義執言，冒着為右派鳴冤叫屈的危險，竟把這些信交到中央，至於是交給周總理還是其他人，我就不知道了。後來也就摘帽了，繼續讓他在文字改革委員會工作。葉先生的高明在於他善於汲取教訓。毛主席曾給他親筆寫過大幅橫披的《沁園春·雪》，從此他把它掛在堂屋的正牆上，上面再懸掛着毛主席像。毛主席還給葉先生寫過很多親筆信，葉先生把它們分別放在最貴重的箱子或抽屜的最上面，作為「鎮箱之寶」。後來，更厲害的「文化大革命」時，紅衛兵前來抄家，打開一個箱子，看到上面有一封毛主席的親筆信，再打開另一個箱子，看到上面又有一封毛主席的親筆信，不知這位有什麼來頭，不敢貿然行事，只好悻悻而去。也憑着他的信多，換了別人還是不行。

中央文史研究館的張伯駒先生也有一段故事。他是個大書畫家、書畫鑒定家和收藏家。他曾把自己多年珍藏的眾多國寶捐獻給國家，但捐獻不久就被打成右派。我曾寫過一首《題叢碧堂張伯駒先生鑒藏捐獻法書名畫紀念冊》的詩，詩曰：

> 書畫光騰錦繡窠，詞人雅好世無多。
> 陸機短疏三賢問，杜牧長箋一曲歌。

官本遊春傳有緒，御題歸棹鑒非訛。

暮年牖下平安福，懷寶心同勝卞和。

「陸機短疏」指陸機的《平復帖》，其中提到三個人的名字，此帖是目前能見到的有名可查的最早之帖。「杜牧長箋」指杜牧親筆書寫的《張好好詩》，詩人法帖的極品。「官本遊春」指北宋政府所藏隋朝展子虔的《遊春圖》。「御題歸棹」指宋徽宗題跋的《雪江歸棹圖》，有人據此認為此畫也是宋徽宗所作，經張伯駒先生考證，只是他所跋。這四幅書畫幅幅價值連城，張伯駒先生把它們都無償捐獻給國家，但不久卻成了右派，使人想起戰國時收藏無價之寶和氏璧的楚人卞和。他將寶玉先後獻給了厲王和武王，卻被認為是普通的石頭，結果以欺君之罪先後砍去左右腳，直到文王時才發現它是真正的寶玉，卞和也才得到平反昭雪。幸好張伯駒的晚年平平安安，最終壽終正寢，故有詩中所說的「暮年牖下平安福」之句。張伯駒被打成右派後，是愛才的陳毅元帥為他平反的。陳毅元帥逝世後，張伯駒懷著感激的心情揮筆寫下了一副輓聯，那時林彪剛剛摔死，「文化大革

▶ 張伯駒先生像

命」仍在如火如荼、方興未艾之時，文人，特別是右派文人隨時都有被整的可能，張伯駒的夫人極力勸他不要張掛出來，但張伯駒還是冒着危險把它掛了出來。陳毅元帥追悼會那天，毛主席親自出席了，那時他老人家身體已很不好了，據說是穿着睡衣類的衣服來的。追悼會上周總理特意讓毛主席看看這副輓聯，毛主席誇它寫得好，又問是什麼人寫的，並派有關部門去調查了解。上面一來人，可嚇壞了張伯駒的夫人，連連抱怨：「我當初不讓你寫，你偏寫。」沒想到這次「是福不是禍」，張伯駒先生從此被安排到中央文史研究館，算是得到了保護。

以往我遭受挫折的時候陳校長都幫助了我，援救了我，但這次政治運動中他想再「護犢子」似的護着我也不成了。可陳校長此時的關心更使我感動。一次他去逛琉璃廠發現我收藏的明清字畫都流入那裏的字畫店，知道我一定是生活困難，才把這些心愛的收藏賣掉，於是他不但不再開玩笑地說：「這是給我買的嗎？」從我這兒小小不然地「掠」走一些字畫，而是出錢買下了這些字畫，並立即派祕書來看望我，詢問我的生活情況，還送來一百元錢。這在精神上給了我很大的安慰，再加上親人、朋友的幫助，我才在逆境中鼓起繼續生活下去的勇氣。

三、「文革」時期

在我的印象裏，好像「反右」之後馬上就是「文化大革命」了。其實，這期間相隔八九年。之所以有這種感覺，是因為那幾年我過得太平淡。右派摘帽後，我仍然不能作主講，只能和以前一樣上點兒作品選課，再配合別人編點這方面的教材。倒是因為時間相對寬裕，加上又沒被剝奪著作權，我發表和準備發表了幾本專著。

1966 年 6 月突然爆發了史無前例的政治運動——「文化大革命」，所有中國人，上至中央領導，下至普通農民無一不被捲入到政治鬥爭中。在「我

▶ 1969 年，在「文革」的艱難
歲月中，啟功和劉乃和看望陳
垣先生

的第一張大字報」的推動下，各單位鋪天蓋地的都貼滿了大字報，形勢已
非常緊張，再親近的人也不敢多交談了，正所謂「道路以目」。一次在看大
字報時偶遇到陳校長，他只以充滿疑慮與迷茫的神情低聲地對我說了一句：
「這究竟是怎麼了？」便消失在人群中，我望着他的背影不知怎樣回答他，
安慰他。而像我這樣久經沙場的被改造對象倒是有清醒的思想準備，看這
架勢，更要「夾着尾巴做人」，好好接受改造了。很快我的家就被抄了，工
資也被扣了。但萬幸的是我的遭遇還不是最慘的。還沒像老老實實、從來
不多說一句的大學者劉盼遂那樣，被紅衛兵活活打死，然後塞到水缸裏。
北師大中文系的紅衛兵到小乘巷去抄我的家，問我：「有什麼『封資修』？」
我老老實實地回答：「沒有『資』，也沒有『修』，只有『封』。」紅衛兵說：
「那好，就給你封了吧！」於是把我的東西貼上封條。再來的紅衛兵看到已
有紅衛兵查封過了，也就不再追究。在那個時代能有這樣的待遇就是萬幸
了，可能平時學生對我並沒什麼惡感，此時也就高抬貴手了。再加上後來
我老伴的精心保存，我那些詩稿、文稿，還有一些零星的收藏才得以保留
下來。當時我的工資停發了，每月只發給 15 元的生活費，還算通情達理，

考慮到我還有一個沒工作的老伴，法外開恩再加 15 元，但那也不夠花呀。幸好我在輔仁美術系的一個學生的丈夫，是化學系的，也上過我的大學國文，後來又成為我的一個好朋友的熊堯先生，他是 PhD（留學的「哲學博士」），又沒受到運動的衝擊，便每月資助我 40~60 元，幫我渡過難關。後來政策逐步鬆動，發還工資，我才把錢還給他。

不久大部分教師，特別是老教師都被打成「牛鬼蛇神」。但「牛鬼蛇神」又分兩種，一種是正式的「牛鬼蛇神」，像黃藥眠先生、鍾敬文先生、陸宗達先生、俞敏先生、李長之先生等人，幾乎全夥在此，他們被安排在教二樓的一間教室裏活動、學習、開會，當然少不了「坐噴氣式」，撅着捱批鬥。有人認為「撅着」是當時的新發明，其實不然，這裏面還有典故：明朝有人寫了一本關於太監的書叫《酌中志》，就提到當時的太監常要撅着鞠躬，時間長了，以致暈倒，這和「文革」時看到的情況不是很相似嗎？另一種是必定捱整，但又沒多大油水的人，為「準牛鬼蛇神」。像我這樣「食之無味，棄之可惜」的人自然屬於這一種。我沒有任何現行言論，僅有的一點問題早已作了定論，再搞也就是這點東西了，但不劃出來，就沒辦法區分左、中、右了。「準牛鬼蛇神」中還有穆木天先生、王汝弼先生、楊敏如先生等人。我們的待遇與境況要比正式的「牛鬼蛇神」好一些，我們是「掛起來」。「掛起來」很符合「準」的定義，即先「掛」在那兒，一旦需要就可以挑（tiǎo）下來隨時拿來示眾。

我們整天被集中在主樓六層的一個房間內學習、開會，交代問題。召集人是沈藻祥先生，他每天要向領導匯報情況。當時的領導也說不清都是誰，一會兒是「革委會」，一會兒是「籌委會」，一會兒是「紅衛兵」司令部，一會兒是軍宣隊。當然還要無休止地寫檢查材料、交代材料。當時如果實事求是地交代是絕對過不了關的，革命群眾必定繼續批判你「不老實」，「輕描淡寫」，「避重就輕」，「不能觸及靈魂」，「企圖蒙混過關」，只有昧着心、狠下心把自己狗血噴頭地臭罵一頓才能最終過關。我當然也不例外。有意思的是，不知怎麼回事，我當年的那些檢查，前幾年居然出現

▶ 啟功在「文革」中寫的
檢查材料

在北京著名的舊貨市場潘家園上，經過一番周折才被朋友贖了回來。現在還能從中看到當時的「文革」語言，那也算得上是一件文物了吧。說到學習，其實很多時候並沒有什麼正經可學的，為了體現革命熱情，就需要儘量把活動安排得滿滿的，即使討論討論大字報也好。那時為了忙裏偷閒，我們時不時地都爭着下樓給大家打開水，順便遛遛，看看大字報，回來後好找些話題討論討論。

我們這些人在革命群眾眼裏已經淪落為「牛鬼蛇神」了，可有些人還想在「牛鬼蛇神」中充當「左派」，執牛耳。有一位教授永遠要當左派的癡心不改，這次他逮（děi）不着李長之了，便來逮我。他能逮我什麼呢？無非是成心找茬兒唄。比如有一回我下樓給大家打開水，回來後大家照例問有什麼新鮮的大字報，我說有一張大字報批評說現在「某某報」完全執行過去某某報的路線。具體內容我已記不清了，反正都是當時一些亂上綱的大批判，並沒牽涉到當時路線鬥爭最核心的問題。我說完以為就完了，不料這位教授又對我進行分析推理，硬說從我的介紹中可以看得出來我是贊成過去反動路線的。這我哪受得了？我再覺悟低，究竟還不至於連自己贊

成什麼、反對什麼都分不清，而他硬要把別人的觀點反過來，還一口咬定這是你説的，然後扣上一個大帽子。事後我找到沈藻祥，讓他務必向領導反映清楚，否則真是渾身是嘴也説不清了，我可真是被這些人整怕了。

我們「準牛鬼蛇神組」的成員，也有隨時「晉升」的機會，往往有頭一天還在這個組裏儘量表現自己，滔滔不絕地批判別人，第二天就不見了的情景，一打聽，原來發現有新罪行，從而歸入到正式「牛鬼蛇神組」掃馬路去了。反正那時的罪名和帽子滿天飛，地、富、反、壞、右、叛徒、特務、走資派、臭老九，有點海外關係的叫裏通外國，隨便按（ǎn）一個就行。後來我曾刻過一方閒章，題為「草屋」，出處是陶淵明「草屋八九間」，而「八九間」即前八種罪名：地、富、反、壞、右、叛徒、特務、走資派和第九種罪名「臭老九」之間。但後來，撥亂反正了，知識分子再也不是臭老九了，我也就不再用這枚章了。

不久發起紅衛兵和革命群眾大串聯活動，目的是進一步宣傳毛澤東思想和毛主席革命路線，發動群眾把「文化大革命」更廣泛、更深入地推向全國各地。我們這些人當然沒資格去搞大串聯，但在那風起雲湧的時代絕對不能閒待着，待着本身就是罪。那時蕭璋先生是被「掛起來」的系主任，但他不是黨員，而他一直積極要求入黨，時時爭取表現的機會，在他的爭取下，我們幾個半老的「牛鬼蛇神」和「準牛鬼蛇神」也得到了一個參加革命運動的機會——到北京郊區去宣傳毛澤東思想。對我們這些人來説，這無異是恩賜和榮譽。於是我和陸宗達、葉蒼岑、葛信益、蕭璋等人自告奮勇，每人花 30 元（不要忘了那時我每月只有 30 元），各買了一大桶紅油漆，到周口店的周口村去刷革命標語，因為那時時興到處刷標語。我們白天寫標語，晚上就住在農民家裏，睡在土炕上。越寫到後來，天越冷，凍得手都腫得打不了彎兒，真體會到什麼叫「霜嚴衣帶斷，指直不能結」了，但心裏還覺得挺帶勁的。我們去的時候是秋天，回來時已到年根兒，整整奮戰了三個月，一大桶紅油漆用得罄光，要不是為了過年，還要繼續戰鬥下去。正當我們懷着一種空前的成就感回來時，沒想到剛一下進城的長途

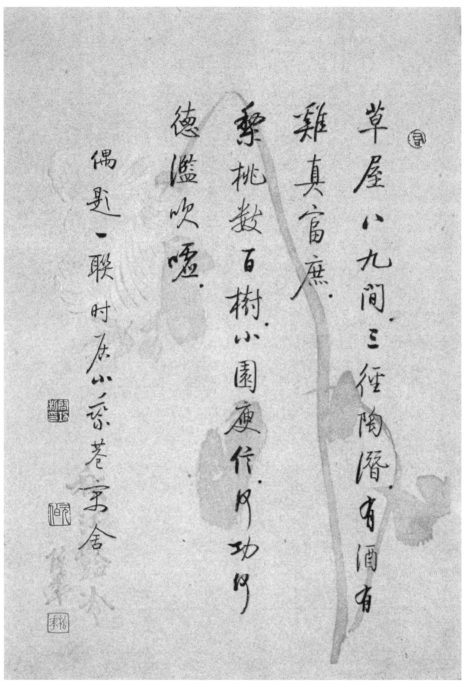

草屋八九間，三徑陶潛，有酒有
雞真富庶。
梨桃數百樹，小園庾作，阿功阿
德濫吹噓。

偶題一聯　時居小乘巷宗舍啟功

▲ 啟功有關「草屋」的對聯

車，當頭就捱了一棒，只見車站附近、大街兩旁到處貼滿了大字報——「『紅海洋』是大陰謀！」原來在我們離開的這一段時間，革命形勢又有了飛速的發展，又出現了一個新的革命理論，據說還很有來頭，是哪位首長親自說的：到處刷標語是資產階級反動路線的大陰謀，為的是把牆上的地方都用革命口號佔滿，好讓革命群眾沒地方貼大字報。這種觀點不可謂不深刻，嚇得人不敢再刷了。但仔細一想也實在荒唐：把所有能貼大字報的地方都刷上標語，那得刷多少？總之，我們去的時候是為着宣傳毛主席革命路線去的，回來的時候是破壞毛主席革命路線回來的，革命形勢發展得真快啊，無論我們想怎麼緊跟都跟不上，好不容易革了一回命還革錯了，真叫人哭笑不得。

後來實行了軍管，最疾風暴雨的時期已經過去，形勢顯得稍微平靜了一些，教師與同學都按班、排、連的編制混合編在一起，老師要和同學一起學習、搞運動。其中主要的活動之一是抄大字報。這是我的強項，我不管起草，只管抄，我覺得這段時間是我書法水平長進最快的時期。抄大字報不用刻意地挑好紙、好筆，也不用講那麼多的排場，一支禿筆、幾張彩紙，甚至報紙，邊抄邊聊即可。越是這樣，越沒有負擔，越可以揮灑自如；相反，像我後來出名之後，給我準備了最好的湖筆，最上等的撒金烏絲格，甚至名貴的蜀絹，一大堆人簇擁着，有的要給我抻紙，有的要給我研墨，有的要給我照相，一邊還不斷地評論着，讚美着，我倒心裏彆扭，放不開，寫不好，總怕浪費了這麼好的材料，對不住這麼多的人情。所以我對抄大字報情有獨鍾。後來總有人喜歡問我：「你的書法算是什麼體的？」我就毫不猶豫地回答他：「大字報體。」除了抄一般的大字報之外，時不時地還要抄精裝版的大字報，比如為慶祝黨的生日、國慶等，就要出講究的板報，用上等的紙抄些毛主席語錄、詩詞之類的，再配上些高山紅日、青松翠柏的圖案，憑我幾十年的功底，這些更是小菜一碟。每出完這樣的板報，我總是把它當作藝術品欣賞一番，觀眾也要嘖嘖稱讚一番。更有有心人：前幾年我在拍賣市場上居然看到我那時抄的毛主席詩詞成了拍賣品，

而且確實是我的真跡，價錢賣得也很好。當時有些喜歡寫字的同學經常和我一起抄，我們可以互相切磋技藝。但有一點我需聲明一下：我一生從未收過書法學生。以前我教的都是中文系的普通學生，改革開放後我招了很多碩士生和博士生，那些都是隨我學古典文學或文史古籍整理的，並沒有學書法的。有些人並沒跟我學過書法，但寫了字到處說是我的學生，這必另有所圖，也是我所不能承認的，「文革」時那些和我一起寫字的，我們之間也沒有這方面的師生關係。

軍管時還有兩件事給我留下深刻印象。一次蘇州專門派人來找我調查柴德賡的情況。他們把我叫到一個單獨的房間，盛氣凌人地對我說：「你知道嗎？柴德賡見過反革命分子胡適，我們一定要把這個問題調查清楚，你一定要老老實實反映問題，堅決揭露批判他，以便得到黨和人民的諒解，爭取到『給出路』的機會。」我心想這哪裏是找我外調？簡直是審查批判我。幸虧這邊陪同的軍代表告訴他：「這人已歸隊了（即通過審查不再『掛起來』了）」，那位外調人員態度才緩和了一些，改口說：「那就繼續改造思想，爭取更好的表現和出路吧！」這話聽起來多麼熟悉，好像右派摘帽後聽到的許多教導一樣。我只能心平氣和地如實向他說明了我所知道的情況，其實那只是一般的會面，根本算不上什麼問題。不久聽說柴德賡在蘇州也被宣佈「解放」了，這不是一件很好的事嗎？但真是物極必反、喜極而悲，「禍兮福所倚，福兮禍所伏」，柴德賡在得到平反消息的第二天竟突然死亡了。原來，頭天晚上他太激動、太興奮，和前來向他宣佈歸隊消息的人徹夜長談，內容可想而知，必定都是些表白、感激的話，勾起他種種往事，竟一夜未眠。當時他正在幹校勞動，第二天他不但沒休息，反而激動地親自打着紅旗下地勞動，路上突發心臟病，不幸去世。現在想起來，當時他只不過被恢復到一般人的身份與地位，竟如此的激動，只能說明在被剝奪了一般人的身份與地位後他是多麼的痛苦，又多麼渴望恢復自己的政治生命。柴德賡先生是很得陳校長喜歡的，他死時陳校長年事已很高，身體又很不好，更何況當時又處在人人自

危的時代，所以我們誰也沒敢告訴他，直到他不久也去世，始終不知道柴德賡已先他而去了。

第二件事發生在 1971 年 6 月的一天。那天有人通知我，軍代表要找我談話。那時我一聽有人找我談話心裏就發毛，更何況軍代表是那時的最高領導。我自然不敢怠慢，趕緊去他的辦公室。不巧，要找我的那位軍代表不在，我只好説明情況，問其他人知道不知道找我有什麼事。有一位答道：「聽説是什麼『二十四師』，要調你去，就是想通知你這件事，至於具體情況你明天找那位同志再詳談吧。」我一聽這消息，當時就蒙了，又無法繼續打聽清楚，只好先出來。回來的路上，我一邊走，一邊犯嘀咕：我和軍隊什麼關係都沒有，再説，像我這樣的人怎麼會往軍隊裏調？軍隊裏怎麼會要我？莫非要把我進一步看管起來？我什麼都沒做啊！這事太意外，太不可思議了。再説我老伴身體非常不好，正患黃疸性肝炎住院治療，她病得非常重，一般人得黃疸性肝炎只需吃些藥靜養一陣就好了，可她都動用了激素，必須有人陪住照顧。調到別的單位還好説，調到軍隊，軍令如山倒，沒什麼條件可講，指不定發到什麼地方，誰來照顧我老伴？就這樣我一夜輾轉反側，忐忑不安，徹夜難眠。第二天一早我就急忙去找那位要找我的軍代表，他不知昨天別人怎麼跟我説的，很心平氣和地對我説：「上級領導準備調你到中華書局《二十四史》編輯部去工作，這可是一項重要的工作，體現了黨一向重視文化工作，也體現了黨對你的信任……」他再往下説什麼我都聽不進去了，聽到是「二十四史」而不是「二十四師」，我心裏的石頭砰的一下落了地，頓時踏實了下來，原來如此！想起昨天的誤傳，想笑又不敢笑，本來嘛，「二十四史」和我才着邊，「二十四師」和我有什麼關係？

於是我迎來了「文革」期間最穩定、最順利、最舒心的一段時期，從1971 年 7 月一直幹到 1977 年，任務是校點「二十四史」。我的具體任務是校點《清史稿》。這時，我的人事關係雖然還在師大，但人已借調到中華書局，等於到了一個全新的單位，而這個單位的其他人也都是從全國各地臨時調來的，而且都是研究各朝歷史的專家學者。這些人臨時組在一起好處

名字（從右至左上排）：張恍石、陳仲安、崔文印、姚崇安、孫毓棠、閻振甫、王鍾翰、張政烺、王毓銓、啟功、趙守儼、瞇經沅、起連科、吳樹生

名字（下排從右至左）：楊伯峻、陳述、萬福恆、顧頡剛、卞孝萱、任耈章、唐長孺、陰法魯、何英芳

標點廿四史清史稿同人合影 一九七三

▲ 校點《清史稿》同人合影（1973）

很多，一是雖有臨時黨組領導着你，但終究不像以前那樣，什麼事都攔着你，什麼小事都能串起一大堆事；二是大家新湊在一起，雖然有的原來有些認識，有些交往，但終究沒長期相處過，彼此沒什麼大矛盾，不至於一下就像原單位那樣鬧起派性、打起派仗來；再說大家從心裏早就厭棄了這幾年沒完沒了的批來批去，有了這機會都想幹點本行的實在事、正經事，而當局也想幹出這項工程，證明他們注重文化事業，所以也不會特意地引導我們去搞運動，整個的環境氣氛相對寬鬆了許多。和我一起負責點校《清史稿》的還有劉大年、羅爾綱、孫毓棠、王鍾翰等先生，其中劉大年先有事撤出，後羅爾綱、孫毓棠也因病離去，只有王鍾翰和我堅持到最後。在我們接手之前，馬宗霍等人已經作了一些初步的整理，但遺留了很多的問題。據他們說整理此書最大的困難有兩個：一是滿清入關前，即滿清建立初期——努爾哈赤時代，很多典章制度都不系統明確，很多記載也比較簡略凌亂，整理起來很困難；二是清史中的很多稱謂，如人名、地名、官職名，和歷朝歷代有很多不一樣的地方，特別是人名，本來就挺複雜，再加

上後來乾隆一亂改，很多人一遇到這種情況，就拿不準、點不斷了。但正所謂「難者不會，會者不難」，這些對我來說就跟說家常一樣，易如反掌，因為我對滿人的這套風俗習慣和歷史沿革還是很熟悉的。所以工作量雖然很大，一部《清史稿》有 48 大本之多，但工作一直進行得很順利，發現並改正了大量的錯誤，如《清史稿》中居然把宋朝人的、日本人的著作，甚至對數表都放了進去。經過點校，《清史稿》和其他各朝正史都有了準確、通行的本子。

到中華書局不久，就趕上「9·13」事件，全體職工擠在中華書局的倉庫裏聽傳達，當聽到林彪「折戟沉沙」的消息以後，大家心中都出了一口惡氣，心情空前地舒暢。工作一順利，心情一愉快，我的積習又不斷地萌動，在工作之餘或午休的時候又忍不住寫寫畫畫起來，隨便抽一張紙，信手揮灑幾筆，一時成為中華書局一景。這使我想起了蘇東坡的遭遇：當他在烏台受審時，他已寫下「夢繞雲山心似鹿，魂飛湯火命如雞」的絕命詩，但被貶黃州後，境遇稍有改善，就又高唱「卻對酒杯渾似夢，試拈詩筆已如神」了。我的積習復燃，不是和東坡有很相似之處嗎？我每完成一幅小作品，大家就評論兩句，緩解一下疲勞，在場的誰有興趣誰就拿走，誰也不必刻意地求我，我也不特意地送誰，大家都把它當成一種樂趣，暫時忘卻那多事之秋帶來的種種煩惱。多少年後，回想起這融洽的情景還覺得很有意思。我曾寫了四首小絕句《題舊作山水小卷。昔預校點諸史之役，目倦時拾小紙作畫，為扶風友人持去，選堂為顏「雲蒸霞蔚」四字。今歸天水友人，為題四首》，其中前兩首寫道：

> 小卷零箋任意描。叢叢草樹聚山坳。
> 不知十幾年前筆，紙上畸魂似可招。
> 窗下餘膏夜半明。當年校史伴孤燈。
> 可憐剩墨閒揮灑，塊壘填胸偶一平。

其中「紙上畸魂」「塊壘填胸」等正是指在那特殊年代作畫時的感情。

四、老伴之死

在中華書局時期雖然政治上比較寬鬆，使我在那殘酷的鬥爭年代得到暫時的緩解和喘息，但另一種難以抗拒的災難又降臨到我的頭上。這就是我老伴的病與死。

我的老伴叫章寶琛，比我大兩歲，也是滿人，屬「章佳氏」，二十三歲時和我結婚，我習慣地叫她姐姐。我們屬於典型的先結婚後戀愛的夫妻，婚後感情十分好。她十分賢惠，不但對我體貼入微，而且對我的母親也十分孝敬，關係處得十分融洽。我曾在紀念她的組詩《痛心篇》二十首中用兩首最直白，但又是最真切的五言絕句這樣記錄我們之間的親切感情：

> 結婚四十年，從來無吵鬧。
> 白頭老夫妻，相愛如年少。
>
> 先母撫孤兒，備歷辛與苦。
> 曾聞與婦言，似我親生女。

▶ 啟功和母親、姑姑、
  妻子合影
  左起：啟功、夫人章
  寶琛、母親克加珍、
  姑姑恆季華

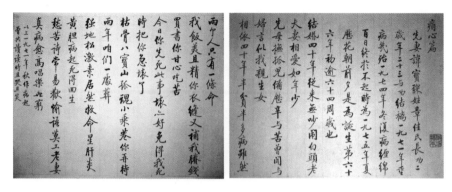

▲ 啟功悼念夫人的《痛心篇》片段

　　到我這一輩，我家已沒有任何積蓄，自從結婚後，就靠我微薄的薪水維持生活。特別是前幾年，我的工作非常不穩定，在輔仁幾入幾出，幾乎處於半失業的狀態。我的妻子面臨着生活的艱辛，沒有任何埋怨和牢騷。她自己省吃儉用，有點好吃的，自己從不捨得吃，總要留給母親、姑姑和我吃，能自己縫製的衣服一定自己動手，為的是儘量節省一些錢，不但要把一家日常的開銷都計劃好，還要為我留下特殊的需要：買書和一些我特別喜歡又不是太貴的書畫。我在《痛心篇》中這樣寫道：

> 我飯美且精，你衣縫又補。
>
> 我剩錢買書，你甘心吃苦。

　　特別令我感動的是，我母親和姑姑在 1957 年相繼病倒並去世，那時政治氣候相當緊張，為了應付政治運動，我不得不把大部分精力投入到社會活動中，重病的母親和姑姑幾乎就靠我妻子一個人來照顧。那時的生活條件又不好，重活髒活、端屎端尿都落在她一人身上，如果只熬幾天還好辦，但她是成年累月地忙碌。看着她日益消瘦的身體，我心痛至極，直到送終發喪，才稍微鬆了一口氣。我沒有別的能感謝她，只好請她坐在椅子上，恭恭敬敬地叫她一聲「姐姐」，給她磕一個頭。

她不但在日常生活中百般體貼我，還能在精神上理解我。我在輔仁美術系教書和後來教大一國文時，班上有很多女學生，自然會和她們有一些交往，那時又興師生戀，於是難免有些傳聞。但我心裏非常清醒，能夠把握住分寸，從來沒有任何超越雷池的舉動。那時有一個時興的詞，形容男女作風不正常地過於親昵叫「吊膀子」，我可絕沒有和任何女生吊過膀子，更不敢像某前輩大師那樣「欽點」手下的女學生：據說有一回，一些弟子向這位前輩大師行磕頭禮，正式拜他為師學畫。他看到其中有一個他喜歡的女學生，就對她說：「你就不用磕頭了。」這位女學生心領神會，後來就嫁給了他。我可沒這麼大的譜。這些風言風語也難免不傳到我妻子的耳中，但她從來都很理解我，絕不會向我刨根問底，更不會和我大吵大鬧，她相信我。如果有人再向她沒完沒了地嚼舌，她甚至這樣回答他：「我沒能替元白生育一男半女，我對不住他。如果誰能替他生育，我還要感謝她，一定會把孩子當親生的子女一樣。」她就是這樣善良，使嚼舌的人聽了都感動，更不用說我了，我怎麼能做任何對不起她的事呢？

　　她不但在感情生活上理解我，在政治生活上也支持我。按理說，她一生都是家庭婦女，哪裏談得上什麼政治，但架不住在政治運動不斷的五十、六十、七十年代，她不找政治，政治卻要找她。先是我在 1958 年被打成右派，接着在六十、七十年代「文化大革命」中又被打成「牛鬼蛇神」，各種打擊都要株連到家庭，她也有委屈的時候，但在我的勸導下，她也想開了，不但對我沒有任何的埋怨，而且鐵定決心和我一起共度那漫漫長夜，一起煎熬那艱苦歲月，還反過來勸慰我放寬心，保重身體，「留得青山在，不怕沒柴燒」。我不知這是不是叫逆來順受，但我卻知道這忍耐的背後，卻體現了她甘於吃苦、堅忍不拔的剛毅和勇氣。她不但有這種毅力和精神，而且相當有膽識和魄力，在「文化大革命」隨時可能引火燒身的情況下，一般人惟恐避之不遠，能燒的燒，能毀的毀，我不是也把宗人府的誥封燒了嗎？但她卻把我的大部分手稿都保存了下來，她知道這是我的生命，比什麼東西都值錢。後來我有一組《自題畫冊十二首》的詩，詩

前小序記載的就是這種情況：「舊作小冊，浩劫中先妻襯其裝池題字，裹而藏之。喪後始見於篋底，重裝再題。」她把我舊作的封面撕下捲成一卷，和其他東西裹在一起，躲過浩劫。受她的啟發，我把在「文化大革命」中起草的《詩文聲律論稿》偷偷地用蠅頭小楷抄在最薄的油紙上，一旦形勢緊張，就好把它捲成最小的紙卷藏起來。幸好這部著作的底稿也保存了下來。「文化大革命」之後，當我打開箱底，重新見到妻子為我保留下來的底稿時，真有劫後重逢之感。要不是我妻子的勇敢，我這些舊作早就化為灰燼了。所以我們稱得上是真正的患難夫妻，在她生前我們一路攙扶着經歷了四十年的風風雨雨，正像《痛心篇》中所說的：

> 相依四十年，半貧半多病。
>
> 雖然兩個人，只有一條命。

但不幸的是她身體不好，沒能和我一起挺過漫漫長夜，迎來光明。她先是在 1971 年患嚴重的黃疸性肝炎，幾乎病死，幸虧後來多方搶救，使用了大量的激素藥物才得以暫時渡過難關。在她病重時我想到了我們倆的歸宿，我甚至想，不管是誰，也許死在前面的倒是幸運。但不管怎樣，我們倆將來仍會重聚：

> 今日你先死，此事壞亦好。
>
> 免得我死時，把你急壞了。
>
> 枯骨八寶山，孤魂小乘巷。
>
> 你且待兩年，咱們一處葬。

後來她的病情出現轉機，我不斷地為她祈禱祝福：

> 強地松激素，居然救命星。
>
> 肝炎黃疸病，起死得回生。

詩文聲律論稿

啟功

〈一〉引言

古典文學形式中，有一種規矩嚴格的詩歌，人稱它為「律詩」，由於它完成在唐代，所以唐代人稱它為「近體詩」或今體詩」，後世也就沿稱，這都是對待「古詩」「古體詩」而起的名稱。所謂「律」，是指形式排偶和聲調和諧的法則，也就是指整齊化和音樂化的規格，所以這種律又被稱為「格律」。至於詞曲，根本即在音樂的聲律中，因此並無「律詞」「律曲」等名稱，在文章方面，除「律賦」外，雖沒有特標律字名稱的文體，

一之一

▲《詩文聲律論稿》底稿

愁苦詩常易，歡愉語莫工。
老妻真病癒，高唱樂無窮。

　　到了秋天她的病真的好了，我把這些詩讀給她，我們倆真是且哭且笑。
　　但到了 1975 年，老伴舊病復發，身體狀況急劇下降，我急忙把她再次送到北大醫院，看着她痛苦的樣子，我預感到她可能不久於人世，所以格外珍惜這段時光：

老妻病榻苦呻吟，寸截回腸粉碎心。
四十二年輕易過，如今始解惜分陰。

　　那時我正在中華書局點校《二十四史》，當時是對我高度信任才讓我從事這項工作，我自然不敢辭去工作，專門照顧老伴。所幸中華書局當時位於燈市西口，與北大醫院相距不遠。為了既不耽誤上班，又能更好地照顧她，我白天請了一個看護，晚上就在她病牀邊搭幾把椅子，睡在她旁邊，直到第二天早上看護來接班。直到現在我還非常感激這個看護，很想再找到她，但一直沒聯繫上。就這樣一直熬了三個多月，我也消磨得夠戧，她雖然命若游絲，希望我能陪伴她度過僅有的時光，但還掛念着我的身體，生怕把我累壞，不止一次地對我和別人說：

婦病已經難保，氣弱如絲微嫋。
執我手腕低言：「把你折騰瘦了。」

「把你折騰瘦了，看你實在可憐。
快去好好休息，又願在我身邊。」
病牀盼得表姑來，執手叮嚀托幾回。
「為我殷勤勸元白，教他不要太悲哀。」

到後來她經常說胡話，有一次說到「阿瑪（滿族人管父親稱阿瑪）剛才來到」。我便想只要她能在我身邊說話，哪怕是胡話也好：

　　　　明知囈語無憑，亦願先人有靈。
　　　　但使天天夢囈，豈非死者猶生。

　　在她彌留之際，我為她翻找準備入殮的衣服，卻只見她平時為我精心縫製的棉衣，而她自己的衣服都是縫縫補補的：

　　　　為我親縫綴襖新，尚嫌絲絮不周身。
　　　　備他小殮搜箱篋，驚見衷衣補綻勻。

　　她終於永遠離開了我。我感謝了前來慰問的人，對他們說我想單獨和她再待一會兒。當病房裏只剩下我們這一生一死兩個人的時候，我把房門關緊，繞着她的遺體親自為她唸了好多遍「往生咒」。當年我母親去世時，我也親自給她唸過經，感謝她孤獨一人茹苦含辛地生我、撫我、養我、鞠我。當時的形勢還不像「文化大革命」時那樣緊張。而「文化大革命」鬧得最厲害的就是「破四舊」，別人如果知道我還在為死者唸經，肯定又會惹出大麻煩，但我只能藉助這種方式來表達和寄託我對她的哀思。這能說是迷信嗎？如果非要這樣說，我也顧不得那麼多了，我只能憑藉這來送她一程，希望她能往生淨土，享受一個美好幸福的來世，因為她今生今世跟我受盡了苦，沒有享過一天福，哪怕是現在看來極普通的要求都沒有實現。我把我的歉疚、祝願、信念都寄託在這聲聲經誦中了。
　　她撒手人寰後，我經常在夢中追隨她的身影，也經常徹夜難眠。我深信靈魂，而我所說的靈魂更多的是指一種情感、一種心靈的感應，我相信它可以永存在冥冥之中：

夢裏分明笑語長，醒來號痛臥空牀。

鰥魚豈愛常開眼，為怕深宵出睡鄉。

君今撒手一身輕，剩我拖泥帶水行。

不管靈魂有無有，此心終不負雙星。

　　老伴死後不久，「文化大革命」就結束了。我的境況逐漸好了起來，用俗話說是「名利雙收」，但我可憐的老伴再也不能和我分享事業上的成功和生活上的改善。她和我有難同當了，但永遠不能和我有福同享了。有時我掙來錢一點愉快的心情都沒有，心裏空落落的，簡直不知是為誰掙的；有時別人好意邀請我參加一些輕鬆愉快的活動，但一想起只剩下我一個人了，就一點心情都沒有了：

鈔幣傾來片片真，未亡人用不須焚。

一家數米擔憂慣，此日攤錢卻厭頻。

酒釅花濃行已老，天高地厚報無門。

吟成七字誰相和，付與寒空雁一群。

《夜中不寐，傾篋數錢有作》

先母晚多病，高樓難再登。

先妻值貧困，佳景未一經。

今友邀我遊，婉謝力不勝。

風物每入眼，淒惻偷吞聲。

《古詩四十首》十一

　　我把先妻的鏡奩作為永久的紀念珍藏着，經常對鏡長吟：

歲華五易又如今，病榻徒勞惜寸陰。

稍慰別來無大過，失驚俸入有餘金。

江河血淚風霜骨，貧賤夫妻患難心。

塵土鏡奩誰誤啟，滿頭白髮一沉吟。

《見鏡一首。時庚申上元，先妻逝世將屆五周矣》

凋零鏡匣忍重開，一閉何殊昨夕才。

照我孤魂無賴往，念君八識幾番來。

綿綿青草回泉路，寸寸枯腸入酒杯。

莫拂十年塵七厚，千重夢影此中埋。

《鏡塵一首，先妻逝世已逾九年矣》

「昔日戲言身後事，今朝都到眼前來。」當年我和妻子曾戲言如果一人死後另一人會怎樣？她說如果她先死，剩下我一人，我一定會在大家的攛掇下娶一個後老伴的，我說絕不會。果然先妻逝世後，周圍的好心人，包括我的親屬，都勸我再找一個後老伴。我的大內姪女甚至說：「有一個最合適，她是三姑父的學生，她死去的老伴又是三姑父最要好的朋友，又一直有書信來往，關係挺密切，不是很好嗎？」確實，從年輕時我們就有交誼，但這不意味着適合婚姻。還有人給我說合著名的曲藝藝人，我也委婉地回絕了，我說：「您看我這兒每天人來人往的，都成了接待站了，再來一幫梨園行的，每天在這兒又說又唱的，還不得炸了窩？日子過起來豈不更不安生？」還有自告奮勇，自薦枕席的，其犧牲精神令我感動，但那畢竟不現實。所以我寧願一個人，也許正應了元稹的兩句詩：「曾經滄海難為水，除卻巫山不是雲。」

到 1989 年冬，離先妻去世已十四年了，我又因心臟病發作住進北大醫院，再次面臨死亡考驗。在別人都圍着我的病牀為我擔心的時候，我忽然又想起了當年和老伴設賭的事，我覺得毫無疑問，是我贏了。於是寫了一首《賭贏歌》，這在我的詩集中體例也是很特殊的一首，頗像大鼓書的鼓詞兒，一開始說：

鈔幣傾來片片真未必人用不須焚

一家數米挼憂憤此日攤錢卻厭頻

酒釀花濃行已歲天高地厚捷無門

吟成七字誰相和付与寒空雁一群

中宵不寐傾篋數錢憬然有作 一九九三年癸未 啟功八十又一

▲ 啟功《夜中不寐，傾篋數錢有作》墨跡

老妻昔日與我戲言身後況，自稱她死一定有人為我找對象。

我笑老朽如斯那會有人傻且瘋，妻言你如不信可以賭下輸贏賬。

⋯⋯

接下來寫家人朋友如何為我「找對象」，其中兩句說別人都是好心勸我找個「伴」，我卻怕找不着伴，倒找了個「絆」：

勸言且理庖廚職同傭保相扶相伴又何妨？

再答伴字人旁如果成絲只堪絆腳不堪扶頭我公是否能保障？

最後寫到在鬼門關前證明還是我贏了，為此我不但不害怕，而且發出勝利的笑聲：

忽然眉開眼笑竟使醫護人員盡吃驚，以為鬼門關前閻羅特赦將我放。

宋人詩云時人不識余心樂，卻非傍柳隨花偷學少年情跌宕。

▲ 啟功和內姪章景懷、鄭喆夫婦

▲ 啟功和內姪孫章正

床邊諸人疑團莫釋誤謂神經錯亂問因由，鄭重宣稱前賭今贏
足使老妻親筆勾銷當年自詡鐵固山堅的軍令狀。

就這樣我孤單一人生活到現在，感謝我的內姪一家精心照料我的生活。

▲　啟功和孫輩們

▲　啟功九十壽辰

五、遲到的春天

　　1976 年「文化大革命」終於結束了。十年動盪後，活下來的人都有劫後餘生之感，人們懷着美好的憧憬，迎接新時期的到來。那時我還在中華書局，當我們再次聚在倉庫裏聽傳達粉碎「四人幫」的文件時，熱烈的場面幾乎炸破擁擠的會場。第二天我用宣紙工工整整地寫了一張歡呼打倒「四人幫」的大字報。這是我十年來第一張自己起草、表達自己意志的大字報，堪稱「我的第一張大字報」。當我去貼的時候，看到鄧經元先生寫的一張「某某有春橋思想」的大字報，不由地大笑。「文革」中，有些領導同志確實自覺不自覺地執行了「四人幫」路線，百般阻撓學術書的出版，只許出宣傳「四人幫」反動路線的書。這說明大家已開始自覺清算「四人幫」的流毒了，看到這種形勢怎麼能不令人高興呢？

　　1977 年點校《二十四史》的工作結束，我又重新回到師大從事教學和科研工作。先是參加了培養「文革」後師大首屆研究生的指導工作，為他們講課，指導他們的畢業論文，後來也為本科生和業大生開些專題講座。那時學生的學習積極性非常高，每次講課教室都坐得滿滿的，我講起來也很有興致。1984 年被聘為博士生導師，直到現在每年都招收若干名博士生。

▶「文革」後恢復講課的啟功

之後我的社會工作和社會兼職越來越多，越來越高。我曾和別人開玩笑說自己是「賊星」發亮。1980 年當選為九三學社中央委員。1981 年中國書法家協會成立，當選為副主席，主席由號稱「軍中一枝筆」的老革命舒同擔任，1984 年舒同離任，我接任主席。之前我被選為北京市政協委員，被任命為北京市民族事務委員會委員。1983 年受國家文物局聘請，我和幾位專家組成中國古代書畫鑒定組，負責鑒定全國各大博物館館藏的書畫作品。1986 年又被文化部聘為國家文物鑒定委員會的主任委員、故宮博物院顧問、《中國美術分類全集》主編。1986 年起歷任全國政協第五、六、七、八、九、十屆常委，並兼任書畫室主任。1992 年被聘為中央文史研究館副館長，1999 年正館長蕭乾先生去世後接任館長。

隨之而來的是大量的社會活動的增多。如 1982 年起，多次到香港各大學講學、訪問、鑒定、辦展，其中較有影響的是 1990 年為籌備「勵耘獎學

▲ 國務院副總理錢其琛將文史館館長聘書授予啟功

▲　啟功在日本參加日中友好會館舉辦的「啟功書法求教展」開幕式

▲　啟功參加中國政府代表團訪問韓國

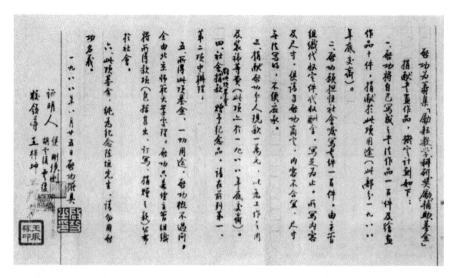

▲ 啟功為籌集「勵耘獎學助學基金」擬定的計劃書

金」舉辦的「啟功書畫義賣」。這次義賣得到香港有關人士的大力支持，所得款項扣除辦展成本、所得稅後共計一百六十餘萬元，我把它全部交給學校，成立一個扶植貧困學生的獎學基金會。起初學校要用我的名字來命名，我堅決不同意，而以陳老校長的書齋名「勵耘」來命名，以此略表我對老師的感激與緬懷，也希望下一代能把老校長的精神和品格傳承下去。而當 1997 年香港回歸時，我真的體會到一種民族自豪感，不禁口占了幾首小詩：

> 珠，合浦還來世所無。
> 一百載，華夏史重書。
>
> 珠，光煥南天海一隅。
> 驚回首，國恥一朝除！
>
> 醫年讀史最驚人，踞我封疆一百春。
> 望外屏藩八十五，居然重見版圖新。

1983 年應日本中國文化交流協會邀請，在東京舉辦「啟功書作展」，之後多次應邀到日本講學、訪問或舉辦展覽，如 1987 年與日本書法家宇野雪村聯辦《啟功‧宇野雪村巨匠書法展》，1998 年應日本日中友好會館的邀請，為慶祝日中友好會館建館十周年舉辦了「啟功書法求教展」，並訪問日本三井文庫鑒賞書畫。1994 年為慶祝中韓建交兩周年，應韓國東方畫廊邀請與韓國書法家金膺顯聯合舉辦了書法展。1995 年應韓國總統金泳三邀請參加中國政府代表團到韓國進行訪問。還多次到新加坡舉辦「啟功書畫展」，並組織中央文史研究館館員書畫展。1996 年赴美國、法國、英國訪問，參觀了三國國家博物館收藏的中國書畫作品。1999 年又赴美國紐約大都會博物館出席「中國藝術精華研討會」。至於在國內辦的個人展覽就更多了，如 1992 年由全國政協等單位主辦的「啟功書畫展」，2001 年舉辦的《啟功書畫集》出版座談會，2002 年為慶祝北京師範大學建校一百周年舉辦的「啟功書畫展」等。

總之這二十多年過得空前的充實，充實得簡直應接不暇。這二十多年我住在北師大紅六樓宿舍，前來造訪的人絡繹不絕，常常由早晨六點多鐘就有搶佔地形，在門口恭候的，有到晚上九、十點鐘還難以勸退的。有的當然是公務，有的純屬私訪，有的事先約定，有的突然襲擊。公務當然耽誤不得，但私訪有時也不好得罪，如果沒能騰出時間加以接待，往往招致來者不滿。還有每天大量來信，情況也如此，大多屬於「我是一個書法愛好者」，或「我是一個收藏愛好者」，在恭維了一頓之後就向我索要「墨寶」，還有把自己大卷大卷的作品寄來請我指教的，我哪裏有那麼多的墨寶？而我自知個人的分量，絕不敢讓國家給我配專職的祕書，對那些盼望回信的很難一一作答。這裏對專程來訪未能接待及誠意來函未能回覆的一併致歉。有時來的人太多我實在支撐不了，就在門上貼張條子：「啟功因病謝客」。但很快條子被人揭去，又因有朋友把我比成大熊貓，便演義成「大熊貓因病謝客」。其實我從來沒有自稱過大熊貓，更沒有直接把它書寫張貼，我知道大熊貓是國寶，我哪裏敢以它自比？後來我讓學校出面，擬一段聲明，說明確實是由於身體不好而不是找藉口推脫。但有的來客置若罔

聞，敲門聲仍不絕於耳。實在應付不了，我就只好落荒而逃，到學校的招待所躲幾天，但沒過兩天，消息靈通者又聞風而動，接踵而至。有時我索性躲到一般人進不去的地方，如國家招待所，甚至是釣魚台，但這都不是長久之計。我當時的狼狽勁兒自己都很難表達，幸好摯友黃苗子先生曾戲作一首《保護稀有活人歌》略加陳述，不妨請整理者過錄一下，以再現一下當時的情景，以求博得諸位的諒解，其中稱我為「國寶」實在不敢當，但所寫情景確實如此：

> 國子先生醒破曉，不為惜花春起早。
> 只因剝啄扣門聲，「免戰」牌懸當不了。
> 入門下馬氣如虹，噓寒問暖兼鞠躬。
> 紛紛挨個程門立，列隊已過三刻鐘。
> 先生謙言此地非菜市，不賣黃瓜西紅柿。
> 諸公誤入「白虎堂」，不如趁早奔菜場。
> 眾客紛紛前致辭，願求墨寶書唐詩。
> 立等可取固所願，待一二日不為遲。
> 或云夫子文章伯，敝刊渴望刊鴻詞。
> 或云小號新門面，招牌揮寫非公誰？
> 或云研究生，考卷待審批，三四十卷先生優為之。
> 或云書畫詩詞設講座，啟迪後進唯公宜。
> 或云學術會議意義重，請君討論《紅樓夢》。
> 或云區區集郵最熱衷，敢乞大名簽署首日封。
> 紛哝未已扣門急，社長駕到兼編輯。
> 一言清樣需審閱，逾期罰款載合約。
> 一言本社慶祝卅周年，再拜叩首求楹聯。
> ……
> 蜂衙鵲市仍未已，先生小命其休矣。

早堂鐘響惕然驚，未盥未溲未漱齒。

漁陽三撾門又開，鑒定書畫公車來。

國寶月旦豈兒戲，劍及履及溜之哉！

⋯⋯

我也有類似的詩，寫這些索要書畫的朋友是如何地不留情面，逼得我無處躲藏：

來書意千重，事事如放債。

郵票尚索還，儼然高利貸。

左臂行將枯，左目近復壞。

左顴又跌傷，真成極右派。

鄙況不多談，已至陰陽界。

西望八寶山，路短車尤快。

拙畫久拋荒，拙書彌疥癩。

如果有輪迴，執筆他生再。

《友人索書並索畫，催迫火急，賦此答之》

但平心而論，我是願意抓住難得的歷史機遇為我能盡力的事業貢獻一切力量的。

這是難得的春天，雖然它來得有些遲。

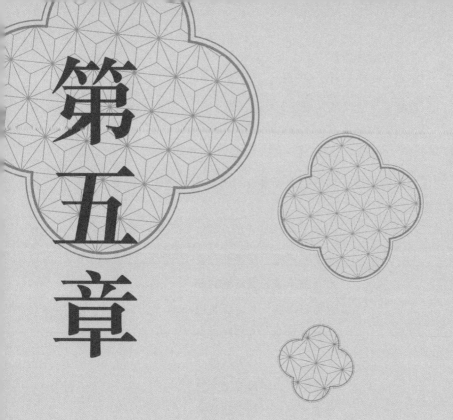

第五章

學藝回顧

回顧我的一生，經歷了很多波折，涉足了不少事業，也取得了一些所謂的成績，但就以一些文章還存在錯誤和不足來看，我真正體會到為什麼說要「活到老，學到老」。

一、書畫創作

很多人認識我是從書法開始的，在回顧學術及藝術歷程時，我就從這裏說起吧。

如前所述，我小時是立志做一個畫家的，因此從小我用功最勤的是繪畫事業。在受到祖父的啟蒙後，我從十幾歲開始，正式走上學畫的路程，先後正式拜賈羲民先生、吳鏡汀先生學畫，並得到溥心畬先生、張大千先生、溥雪齋先生、齊白石先生的指點與薰陶，可以說得到當時最出名畫家的真傳。到二十歲前後，我的畫在當時已小有名氣了，在家庭困難時，可以賣幾幅小作品賺點錢，貼補一下。到輔仁期間，我又做過一段美術系助教，繪畫更成為我的專業。雖然後來我轉到大學國文的教學工作上，但一直沒放棄繪畫創作和繪畫研究。那時也沒有所謂的專業思想一說，誰也不會說我畫畫是不務正業。抗日戰爭後幾年，我還受韓壽宣先生之約到北京大學兼任過美術史教員，當時他在北大開設了博物館學系。當陳老校長鼓勵我多寫論文時，問我對什麼題目最感興趣。我說，我雖然在文學上下過很多工夫，而真正的興趣還在藝術。陳校長對此大加鼓勵，所以我的前幾

篇論文都是對書畫問題的考證。到了解放前後，我的繪畫水平達到最高峰，在幾次畫展中都有作品參展，而且博得好評。如解放前參展的臨沈士充的《桃源圖》，曾被認為比吳鏡汀老師親自指導的師兄所臨的還要好，為此還引起小小的風波。又如解放後，在由文化部主辦的北海公園漪瀾堂畫展上，我一次有四張作品參展，都受到好評，後來這些作品經過劫波都輾轉海外，有的又被人陸續購回。後來我又協助葉恭綽先生籌辦中國畫院，這需要做大量的工作，為此陳校長特批我可以一半在師大，一半在畫院工作。如果畫院真的籌建起來，也許我會成為那裏的專職人員，那就會有我的另一生。可惜的是畫院還沒成立起來，我和葉先生都成了右派。這無異於當頭一棒，對我想成為一個更知名的畫家是一個嚴重的打擊，從此以後我的繪畫事業停滯了很長時間。一來因在畫院為搞我最喜愛的繪畫事業而被打成右派，這不能不使我一提到繪畫就心灰意冷，甚至害怕，正所謂「一朝被蛇咬，十年怕井繩」；二來在以後的工作中，特別強調專業思想，我既已徹底離開畫院，那一半也就回到師大，徹底地成為一名古典文學的教師，再畫畫就屬於專業思想不鞏固，不務正業了。這種情況一直繼續到「文革」後期，在中華書局點校《二十四史》時，我有時又耐不得寂寞，手癢地忍不住撿起來畫幾筆，但那嚴格地說還不是正式的創作，只是興之所到，隨意揮灑而已。「文化大革命」撥亂反正後，思想的禁錮徹底解除了，但新的問題又出現了：這時我的書名遠遠超過了我的畫名，很多年輕人甚至都不知道我原來是學畫的出身。那時大量的「書債」已壓得我抬不起頭、喘不過氣來，我找不出時間靜下心來畫畫；即使有時間，我心裏也有負擔，不敢畫：這「書債」都還不過來，再去欠「畫債」，我還活不活了？我的很多老朋友都能理解我的苦衷，摯友黃苗子先生曾在一篇「雜説」鄙人的文章中寫道：「啟先生工畫，山水蘭竹，清逸絕倫，但極少露這一手，因為單是書法一途，已經使他嚐盡了世間酸甜苦辣；如果他又是個畫家，那還了得？」此知我者也。所以「文革」後我真正用心畫的作品並不多，有十餘幅是為籌辦「勵耘獎學金」而畫的，還有一張是為第一

個教師節而畫的，算是用心之作。

　　看過我近期作品的人常問我這樣一個問題：「您為什麼喜歡畫朱竹？」我就這樣回答他：「省得別人說我是畫『黑畫』啊！」「黑畫」一詞，從廣義上說可以泛指一切能供上綱批判的畫，如反右時的「一枝紅杏出牆來」之類的畫；狹義的是說「文革」後不久，有些人畫了一批畫，如貓頭鷹睜一隻眼、閉一隻眼的，被正式冠名為「黑畫」。聽我這樣解釋的人無不大笑。其實這裏面也牽扯到畫理問題。難道畫墨竹就真實了嗎？誰見過黑得像墨一樣的竹子？墨竹也好，朱竹也好，都是畫家心中之竹，都是畫家藉以宣泄胸中之氣的藝術形象，都不是嚴格的寫實。這又牽扯到畫風。我的畫屬於傳統意義上典型的文人畫，並不意在寫實，而是表現一種情趣、境界。中國的文人畫傳統淵源悠久，它主要是要和注重寫實的「畫匠畫」相區別。後來在文人畫內又形成客觀的「內行畫」和「外行畫」之分：「內行畫」更注重畫理和藝術效果，「外行畫」不注重畫理，更偏重表現感受。如我學畫時，賈義民先生就是「外行畫」畫派的，而吳鏡汀先生是「內行畫」畫派的，但他們都屬於傳統的文人畫，而文人畫都強調要從臨摹古人入手，和解放後大力提倡的從寫生入手有很大的區別。我是喜歡「文人畫」中的「內行畫」，所以才特意從賈先生門下又轉投吳先生門下。我也是從臨摹入手，然後再加入自己的藝術想像和藝術構思，追求的是一種理想境界，而不是一丘一壑的真實。我在《談詩書畫的關係》一文中，曾提出這樣的觀點：（元人）無論所畫是山林丘壑還是枯木竹石，他們最先的前提，不是物象是否得真，而是點畫是否舒適，換句話說，即是志在筆墨，而不是志在物象。物象幾乎要成為舒適筆墨的載體，而這種舒適筆墨下的物象，又與他們的詩情相結合，成為一種新的東西。倪瓚那段有名的題語說他畫竹只是寫胸中逸氣，任憑觀者看成是麻是蘆，他全不管，這並非信口胡說，而確實代表了當時不僅只倪氏自己的一種創作思想。就我個人的繪畫風格來說，是屬於文人畫中比較規矩的那一類，這一點和我的字有相通之處，很多人譏為「館閣體」。但我既然把繪畫當成一種抒情的載體，所以我對那種

充滿感情色彩的繪畫和畫家都非常喜歡，比如我在《談詩書畫的關係》一文中又說：

到了八大山人又進了一步，畫的物象，不但是「在似與不似之間」，幾乎可以說他簡直是要以不似為主了。鹿啊，貓啊，翻着白眼，以至魚鳥也翻白眼。哪裏是所畫的動物翻白眼，可以說那些動物都是畫家自己的化身，在那裏向世界翻白眼。

我又在《仿鄭板橋蘭竹自題》中寫道：

當年乳臭志彌驕，眼角何曾掛板橋。
頭白心降初解畫，蘭飄竹撇寫離騷。

這首詩不但寫出了我對繪畫情感的理解，也在一定程度上概括了我的繪畫生涯：我從小受過良好全面的繪畫技法的訓練，掌握了很不錯的繪畫

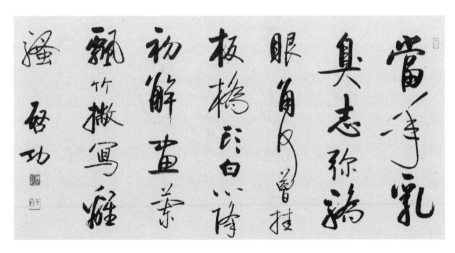

▲ 仿鄭板橋蘭竹自題

技巧，但對繪畫的藝術內涵和情感世界直到晚年才有了深刻的理解，可惜我又沒更多的時間和精力去從事我所喜歡的這項事業，只能偶爾畫些朱竹以寫胸中的「離騷」了。

我從小想當個畫家，並沒想當書法家，但後來的結果卻是書名遠遠超過畫名，這可謂歷史的誤會和陰差陽錯的機運造成的。

了解我的人常津津樂道我學習書法的機緣：大約在十七八歲的時候，我的一個表舅讓我給他畫一張畫，並說要把它裱好掛在屋中，這讓我挺自豪，但他臨了囑咐道：「你光畫就行了，不要題款，請你老師題。」這話背後的意思再明顯不過了，他看中了我的畫，但嫌我的字不好。這大大刺激了我學習書法的念頭，從此決心刻苦練字。這事確實有，但它只是我日後

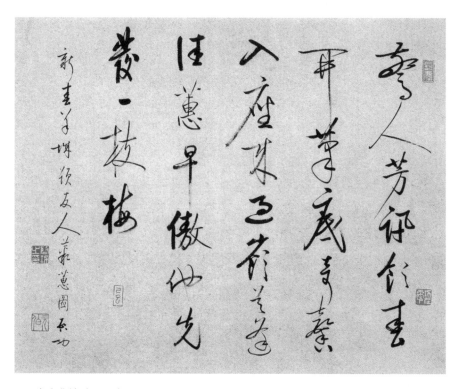

▲　書自作詩（1989）

成為書法家的機緣之一，我的書法緣還有很多。

我從小就受過良好的書法訓練。我的祖父寫得一手好歐體字，他把所臨的歐陽詢的《九成宮帖》作我描模子的字樣，並認真地為我圈改，所以打下了很好的書法基礎，只不過那時還處於啟蒙狀態，稚嫩得很，更沒有明確地想當一個書法家的念頭。但我對書法有着與生俱來的喜愛，也像一般的書香門第的孩子一樣，把它當成一門功課，不斷地學習，不斷地閱帖和臨帖。所幸家中有不少碑帖，可用來觀摩。記得在我十歲那年的夏天，我一個人蹲在屋裏翻看祖父從琉璃廠買來的各種石印碑帖，當看到顏真卿的《多寶塔》時，好像突然從它的點畫波磔中領悟到他用筆時的起止使轉，不由地叫道：「原來如此！」當時我祖父正坐在院子裏乘涼，聽到我一個人在屋子裏大聲地自言自語，不由地大笑，回應了一句：「這孩子居然知道了究竟是怎麼回事！」好像屋裏屋外的人忽然心靈相感應了一樣。其實，我當時突然領悟的原來如此的「如此」究竟是什麼，我也說不清，這「如此」是否就是顏真卿用筆時真的「如此」，我更難以斷言；而我祖父在院子裏高興地大笑，讚賞我居然知道了究竟，他的大笑，他的讚賞究竟又是為什麼，究竟是否就是我當時的所想，我也不知道，這純粹屬於「我觀魚，人觀我」的問題。但那時真所謂「心有靈犀一點通」了，就好像修禪的人突然「頓悟」，又得到師傅的認可一般，自己悟到了什麼，師傅的認可又是什麼，都是「難以言傳，惟有心證」一樣。到那年的七月初七，我的祖父就病故了，所以這件事我記得特別清楚。通過這次「開悟」，我在臨帖時彷彿找到了感覺，臨帖的水平也有了很大的提高。

到了十七八歲的時候就出現了上一段所說的事，這件事對我的影響不再是簡單地好好練字了，而是促使我決心成為書法的名家。到了二十歲時，我的草書也有了一些功底，有人在觀摩切磋時說：「啟功的草書到底好在哪裏？」這時馮公度先生的一句話使我終身受益：「這是認識草書的人寫的草書。」這話看起來好似一般，但我覺得受到很大的鼓勵和重要的指正。我不見得能把所有的草書認全，但從此我明白要規規矩矩地寫草書才行，

絕不能假借草書就隨便胡來，這也成為指導我一生書法創作的原則。二十多歲後，我又得到了一部趙孟頫的《膽巴碑》，非常地喜愛，花了很長的時間臨摹它，學習它，書法水平又有了一些進步。別人看來，都說我寫得

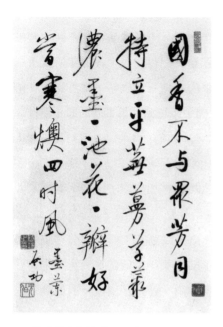

▲ 啟功書自作詩（1984）

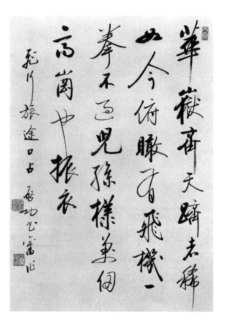

▲ 飛行旅途口占（1986）

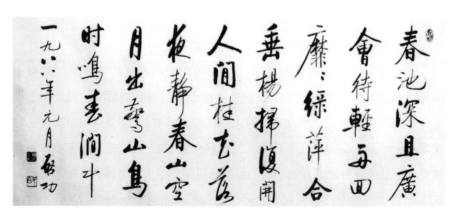

▲ 啟功書五言詩（1988）

有點像專門學趙孟頫的英和（煦齋）的味道，有時也敢於在畫上題字了，但不用說我的那位表舅了，就是自己看起來仍覺得有些板滯。後來我看董其昌書畫俱佳，尤其是畫上的題款寫得生動流走，瀟灑飄逸，又專心學過一段董其昌的字。但我發現我的題跋雖得了些「行氣」，但缺乏骨力，於是我又從友人那裏借來一部宋拓本的《九成宮》，並把它用蠟紙勾拓下來，古人稱之為「響拓」，然後根據它來臨摹影寫，雖然難免有些拘滯，但使我的字在結構的謹嚴方正上有不少的進步。又臨柳公權《玄祕塔》若干通，適當地吸取其體勢上勁媚相結合的特點。以上各家的互補，便構成了我初期作品的基礎。後來我又雜臨過歷代各種名家的墨跡碑帖，其中以學習智永的《千字文》最為用力，不知臨摹過多少遍，每遍都有新的體會和進步。隨着出土文物、古代字畫的不斷發現和傳世，我們有幸能更多地見到古人的真品墨跡，這對我學習書法有很大的幫助。我不否認碑拓的作用，它終究能保留原作的基本面貌，特別是好的碑刻也能達到傳神的水平，但看古人的真品墨跡更能使我們看清它結字的來龍去脈和運筆的點畫使轉。而現代化的技術使只有個別人才能見到的祕品，都公之於眾，這對學習者是莫大的方便，應該說我們現在學習書法比古人有更多的便利條件，有更寬的眼界。就拿智永的《千字文》來說，原來號稱智永石刻本共有四種，但有的摹刻不精，累拓更加失真，有的雖與墨跡本體態筆意都相吻合，但殘失缺損嚴重，且終究是摹刻而不是真跡；而自從在日本發現智永的真跡後，這些遺憾都可以彌補了。這本墨跡見於日本《東大寺獻物賬》，原賬記載附會為王羲之所書，後內藤虎次郎定為智永所書，但又不敢說是真跡，而說是唐摹，但又承認其點畫並非廓填，只能說：「摹法已兼臨寫。」但據我與上述所說的四種版本相考證，再看它的筆鋒墨彩，纖毫可見，可以毫無疑問地肯定是智永手跡，當是他為浙東諸寺所書寫的八百本《千字文》之一，後被日本使者帶到日本的。現在這本真跡已用高科技影印成書，人人可以得到，我就是按照這個來臨摹的。在臨習各家的基礎上，經過不斷地融會貫通和獨自創造，我最終形成了自己的一家之風，我不在乎別人稱我什麼「館閣體」，也不惜自謔為「大字報體」，反正這就是啟功的書法。當然我

的書法在初期、中期和晚期也有一定的變化，但這都不是刻意為之，而是自然發展的。

和我學畫時正式拜過很多名師不同，我在學書法時，主要靠自己的努力，能稱得上以老師的名義向他請教的並不多，近現代書法大師沈尹默（字秋明）算一個。他也是老輔仁的人，所以有很多交往的機會。他曾為我手書「執筆五字法」，並當面為我講解、示範，還對我獎掖有加，誇獎過我的書法，這對我是莫大的鼓勵。多少年後，新加坡友人曾得到沈尹默先生所書的一卷歐陽永叔（修）文，請我題跋，我還不由地以滿腔的深情回憶道：

> 八法一瓣香，首向秋明翁。
> 昔日承面命，每至燭跋空。
> 憶初叩函丈，健毫出篋中。
> 指畫提按法，諄如課童蒙。
> 信手拾片紙，追躡山陰蹤。
> 戲題令元白，糾我所未工。
> 至今祕衣帶，不使蕭翼逢。
> ……

還有張伯英先生，我曾多次登門求教，看他寫字，聽他講授碑帖知識，獲益匪淺。老先生對書法事業的熱情以及對後輩誨人不倦的關切令我感動。其他的前輩對我也有所指點，像前邊所說的馮公度對我草書的評價。還有一位壽璽先生，號石公，書畫篆刻都很好。此人非常有意思，他管人都叫「兔」，他從來不說「這個人」「那個人」，而說「這個兔」「那個兔」，比如他誇獎某人的扇面畫得好就說：「這兔畫得還不錯。」日久天長大家都反過來叫他「壽兔」。我曾恭敬地向他請教，稱他為「壽先生」，他生氣地對我說你不該對我這麼謙恭，把我臭罵一頓，罵得我還挺舒服。通過我的經歷，我覺得練習書法最重要的還要靠自己長期刻苦的努力。

有人總喜歡問我學習書法有什麼經驗或竅門。我首先可以奉告的是要破除迷信。自古以來書法已成為「顯學」，產生了很多「理論」，再被一些所謂的書法家、書法理論家一炒，好些謬論也都成了唬人的金科玉律，學習者千萬不能被他們唬住。比如握筆，其實這是一個很簡單的問題，雖然有一定的方法，但絕沒有那麼多神祕的講究，有人現在還提倡「三指握管法」，稱這是古法。不錯，這確實是古法，而且古到當初席地而坐的時代，那時沒有高桌，書寫時，左手執卷，右手執筆，三指握管（猶如今日握鋼筆）的姿勢，正好和有一定傾斜的左手之卷呈九十度，非常便於書寫。而有了高桌之後，人們把紙鋪在水平的桌上，這時再用三指握管法就不能和紙面呈垂直狀態，不便於軟筆筆鋒的運用。那些人不明白這基本的道理，還在提倡「三指握管法」為「高古」，並想當然地説「三指握管法」是拇指在內，食指、中指在外的握筆姿勢。更有甚者，還有提倡所謂「龍睛法」「鳳眼法」的，説三指握筆後虎口呈圓形的為「龍睛法」，呈扁形的為「鳳眼法」。還有人在如此執筆的同時，盡力地回腕，把手往懷裏收，可惜不知這叫什麼方法，權且叫它「豬蹄法」吧。最可笑的是包世臣《藝舟雙楫》記載的劉墉寫字的情況：他為了在外人面前表示自己有古法，故意耍起「龍睛法」，還要不斷地轉動筆管，以致把筆頭都轉掉了，這不是唬人是什麼？難怪劉墉的字看上去那麼拘謹。人人都知道這樣一個故事：王羲之在看兒子寫字的時候，在後面突然抽他的筆，但沒抽下來，不禁大加稱讚。於是有人又藉此編織神話，提出所謂要「握碎此管」和「指實掌虛」之説——指要握得實，而且要握得有力，有力到恨不得把筆管握碎才好，而手掌要虛，虛到能放下一個雞蛋才好，這不是唬人麼？對此蘇東坡有一段精彩的評論：

　　獻之少時學書，逸少（王羲之）從後取其筆而不可，知其長大必能名世。僕以為不然。知書不在筆牢，浩然聽筆之所之而不失法度，乃為得之。然逸少重其不可取者，獨以其小兒子用意精至，猝然掩之，而意未始不在筆。不然，則是天下有力者莫不能書。

老鄭已具胼胝痛 春花多櫻筍來 歐紫不溫生蠟蠏大杯
霞酒著塵埃 長年岂長為客舊國當時只廢臺河嶺
志堪供極目 少年為句未須哀 李 陳后山次韻春懷詩書奉
元白先生雅鑒
尹默 [印][印]

筆窗明塵後夜龍作雨天明雪填渠夢回聞剝啄誰手趙陳予
添丁走沽酒通德起槐疏 主孟當暗我王鱗金尾魚一醉忘其
家以身自邊篠 東坡潁州禱雨帖辛未書也子辛未人於辛未歲
見之以為奇遇錄其文附過歐陽村猗齋之詩
張伯英 [印][印]

元祐六年十月潁州久旱聞潁上有張龍公神威靈異乃
齋戒遣男迨与州學教授陳履常往禱之迨至頗信敬沐
浴齋居而往明日當以龍骨至天色少霽庶幾得雨雪乎廿六
日載書廿六日与景貺履常同訪二歐陽作詩云後夜龍作雨

天明雪填渠夢回聞剝啄誰手趙陳予景貺曰句法甚新前
人未有此法季黙曰有之長官請客吏請客目曰主簿少府我
即此法也相与笑語至三更歸時星斗粲然就枕未幾雨已
鳴簷矣至朔旦日雪作五人者復會於郡齋貺歎仰龍公之威

德復嘉詩語之不謀季黙欲書之以為異日一笑是日景貺出迨
詩云吾儕歸臥髀肉裂會有攜壺勞行役僕笑曰是兒也好勇
過我江湖渺故國風雨傾舊廬束來三十年愧此一束書尺椽瓜
可有而我常客居羡君朔此室容猿真有餘付休琴動搖弄

▲　啟功給青年講書法

▲　啟功在講書法

蘇軾不愧是具有獨立思考能力的聰明人，我們要向他學習這種勇於破除迷信的精神。一個握筆有什麼可神祕的，在我看來就像握筷子一樣，怎麼方便，怎麼舒服，怎麼便於使用，就怎麼來好了。

　　至於懸腕、運筆、選帖、擇筆等也有很多類似的現象。如有人說不但要「懸腕」，還要「平腕」，練習的時候要在手腕上放一碗水，讓它不灑才行，請問這是寫字還是耍雜技？運筆講究提頓回轉，這本不錯，但有人硬說寫一橫要按八卦的位置走，「始艮終乾」（艮和乾都指八卦的位置），請問這是寫字還是排八卦陣？還有人說只有練好篆書才能練隸書，練好隸書才能練楷書，練好楷書才能練行書、草書，這貌似有理，但怎麼才叫練好？難道學畫蝴蝶必須先從畫蛹開始嗎？這是寫字還是子孫傳代？有的人字還沒練得怎麼樣呢，就先講究筆的好壞，有些人還把不同質地的筆的功能差異說得神乎其神，還以用稀奇古怪的質地為尚。其實善書者不擇筆，我八九十年代最喜歡用的是衡水地區產的七分錢一支的筆，一下就買了二百支。凡此種種都需要我們先破除迷信才行。

　　至於具體的方法我也可以提供一些參考。如碑帖並重，尤要重視臨帖。碑拓須經過書丹（把字形描到石頭上）、雕刻、氈拓等幾道工序才能完成，每道工序都要有一次失真，再加上碑石不斷風化磨損，所以筆畫還會有一些變形，拓出後有的出現斷筆，有的出現麻刺。可笑的是有人在臨帖時還故意模仿，美其名曰「金石氣」。我小時看到兄弟二人面對面地臨帖，每寫到碑上出現拓殘的斷筆時，哥兒倆就互相提醒，嘴裏還唸唸有詞：「斷，斷」，那時還覺得挺神祕，現在想起來真可笑，不妨稱它們為「斷骨體」。還有人故意學那麻刺，我戲稱它們為「海參體」。有些魏碑的筆畫成外方內圓的形狀，臨摹者刻意模仿，寫出的字都像過去常使用的一種煙灰缸，我戲稱它為「煙灰缸體」，殊不知這種筆道是無奈的刀刻的結果。當然碑的功勞不可滅，好的碑拓基本能保留原作的風貌，雖然筆墨的乾濕、枯潤、濃淡以及細微的連綴難以傳真地再現，但結字的間架還是可以表現出來的，多臨摹還是有好處的，更重要的是我們要善於「通過刀鋒看筆鋒」，

想像其墨跡的神態。而臨帖則不同了，帖保留了原作墨跡的實際狀況，更何況現在高科技十分發達，可以毫不失真地把它們複製下來，供我們隨意使用，為我們「師筆不師刀」創造了更便利的條件。

　　再如用筆與結字並重。趙孟頫曾有名言：「書法以運筆為上，而結字亦須用功」，這似乎已成為書法界的共識。但我以為不然：書法當以結字為先，尤其是在初期階段。而運筆與結字的關係又可以通過臨摹碑帖得到統一，即運筆要看墨跡，結字可觀碑志。再如「不師今人師古人」。效法今人也許便於立竿見影，但也容易拾人牙慧，從人乞討，誤入「邯鄲學步」的歧途。而古人的作品，特別是那些經過時代考驗的作品，卻是今人學習的永恆基礎，可以保證我們有正確的審美觀念而不至於走火入魔。當然師古人的時候也要有所選擇，別以斷骨體、海參體、煙灰缸體為尚就是了。

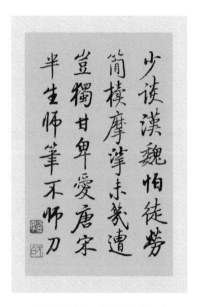

▲　啟功論書絕句「半生師筆不師刀」

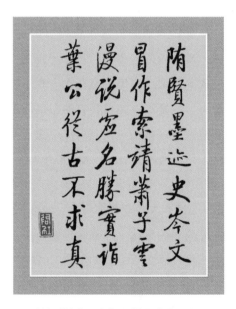

▲　啟功《論書絕句》關於晉書的絕句

二、書畫鑒定

　　我平生用力最勤、功效最顯的事業之一是書畫鑒定。我從小隨諸多名師學畫，又發奮於書法藝術。而我的繪畫老師都是文人，教授的方法主要是觀賞臨摹；我學書法的主要途徑也是大量臨摹古人的碑帖，這為我的書畫鑒定積累了大量的實踐經驗。正如我在《啟功叢稿》前言中所說的那樣：「曾學書學畫，以至賣所書所畫，遂漸能識古今書畫之真偽。」而我一生所從事的工作始終不離中國的古典文化，這又為我的書畫鑒定奠定了更深厚的根基。現在有些人擅長考辨材料之學，但自己不會寫，不會畫；有些人會寫會畫，但又缺少學問根底，作起鑒定家就顯得缺一條腿。幸好我有兩條腿，這是我的優勢。

　　我的鑒定生涯一直與故宮有緣，從十幾歲開始，我就隨賈老師在這裏觀摩古代名畫，如五代董源的《龍宿郊民圖》、趙幹的《江行初雪圖》、巨然的《秋山問道圖》、荊浩的《匡廬圖》、關仝的《秋山晚翠圖》，北宋范中立的《溪山行旅圖》、郭熙的《早春圖》，南宋李唐的《萬壑松風圖》，元代趙孟頫的《鵲華秋色圖》、高克恭的《雲橫秀嶺圖》、黃公望的《富春山居圖》等，這些畫的每一個細節都深深地刻在我的腦海中。真正從事鑒定工作是在抗戰勝利後，故宮博物院又恢復整理鑒定工作，成立了文獻館和古物館。當時沈兼士先生任文獻館館長。他很有事業心，想重振文獻事業，讓故宮的這些老檔（文獻館後來改名為檔案館）在文物研究中發揮出重要作用。他聘請了一批學者，聘我任專門委員，具體做兩項工作：在文獻館閱讀整理檔案材料，在古物館鑒定書畫。每月有六十元的車馬費。剛進檔案館的時候，原來的老人有些看不起我，經常拿已整理發表過的稿子讓我看。但我也不是好蒙的，遇到這些稿子，我一下就能指出：「這不是已經在某處發表過的稿子嗎？」可他們總拿這類稿子試探我，我急了，去找沈兼士先生訴苦。沈先生大怒，他本來就不滿這些老人所看的稿子，才把我叫去，於是好一頓斥責，他們再也不敢了。

◀ 沈兼士先生像

　　在工作中，我不但比以前更大飽眼福，而且聽到很多前輩專家學者的議論，大大開拓了自己的見聞。記得第一次收購鑒定會是在故宮博物院院長馬衡家中召開的，那次並沒得到什麼好的文物，倒是有一件假冒祝允明草書的《離騷》卷假得實在沒譜，第一個「離」字寫得像「雞」，馬先生大聲唸「雞騷」，大家都鬨笑起來，也就捲起不再看了。那次張大千也出席了。我上次和他相見是十年前在溥心畬家，那時他專心畫畫，並未與我多談，但他還記得我，並和我討論起書畫鑒定，發表了很多深刻而新鮮的見解，使我至今難忘。第二次收購鑒定會是在故宮絳雪軒舉行的。那裏供奉着趙公元帥，門外有諸葛拜斗石，旗杆上裹着獾子皮，旗杆是由好幾根木頭接成的，後來向南彎曲了，大家就管它叫「望江南」。這次得到幾件好作品。一個是唐人所寫的《王仁昫刊謬補缺切韻》一卷，是由溥儀帶到東北，後散失到民間，再收購回來的。不但首尾完整，內容難得，而且裝訂是「旋風葉」的形式，即把內容都寫在單葉紙上，然後把它們一張一張緊挨着貼在一張大幅長紙上，這在古籍的裝訂上也是孤例。所以會前唐蘭先生到處遊說我們務必要把它留下，後來果然如願，唐先生還把模糊的字補齊。我現在還保留着它的影印件，後來中華書局把它影印出來，但效果太差。聽

説台灣也有一本「旋風葉」，傳說是吳彩鸞所書，我只見過照片，至於內容和這本相同還是相似就不得而知了。還有一幅夏昶的墨竹卷，也是由東北收購回來的。參加鑑定會的胡適先生請徐悲鴻先生鑑定它的真假，不料徐悲鴻所答非所問地說：「像這樣的作品，我們藝專的許多教師都能畫得出。」不知他是不屑於鑑定這張畫，還是為鑑定不了找託詞，總之這張畫到現在也不知到底算是藝專的哪位教師所畫。

在文獻館還發現很多看似價值不大，但很有趣的線索。如有一張傅恆傅四中堂的太太寫給乾隆皇帝的請安帖子，等於是大舅子的媳婦寫給他的「小條」，這很不合禮制，說明他們之間有曖昧關係。再聯繫傅四中堂的第三子康安（後改成福康安）為乾隆和傅四太太私生子的傳說，以及福康安一直得到格外的重用，委派參與收復台灣，使他立有戰功，想參誰就參誰，如讒害柴大紀，最後居然能封到一般非嫡宗所不能封到的郡王等事實來看，這種懷疑絕不是空穴來風。當有人給我看這張字條時，我只能馬虎過去說：「這很平常」，其實心裏還有點「家醜不可外揚也」的意思。不知這些東西是否還留在檔案館？

解放後我繼續留任故宮專門委員，國家又成立了文物局，由鄭振鐸先生出任局長，王冶秋、王書莊先生任副局長。後來又由上海請來張珩先生任文物處的副處長，謝稚柳、徐邦達、朱家濟先生任鑑定專家，力量一時大增。那時活動的主要地點在北海公園南門團城的玉佛殿，因為這裏供奉着一尊東南亞的玉石佛像。在正堂放一個大案子，有需要看的東西，就放在上面。這時商人手中的古書畫已不允許出口，便逐漸地聚到文物局來。我們在團城也舉行了多次收購鑑定會，澄清了許多名畫的真偽問題。記得曾在這裏鑑定過「三希堂帖」，其中的「快雪帖」在台灣，「中秋」「伯遠」在北京。我對着光看，只見「伯遠帖」哪筆在前，哪筆在後都看得清清楚楚，當是真跡無疑，而「中秋帖」當是米元章所臨，而台灣的「快雪帖」當是唐人的雙鉤廓填。又如稱為梁楷的《右軍書扇圖》和倪瓚的《獅子林圖》，對照原有的影印本，得知只是舊摹本。

當時為我們提供貨源的有一位古董商叫靳伯生，他常到東北買溥儀從故宮帶到東北、後又流散的東西。一次他又買回一大批宋元的好貨，但他已被公安機關扣下了，文物局方面需要派一個人去登錄一下這些字畫的內容。張珩、徐邦達等人都和靳某有交誼，有時還從他那裏買些東西，派他們去不合適。只有我既懂行，又認識靳某，而且沒錢從他那裏買任何的東西。於是大家公推我去完成這項任務。下午去的，公安局派的車，還有一位公安局的幹部陪着我，把所有的東西都登錄造冊，充了公。這裏面都是些「大腦袋」——好貨，我也乘機大飽了一次眼福。直到晚上才完事，回到團城後，鄭振鐸、張珩、徐邦達等人還在那裏等着我，我又向他們匯報，聊了好一陣子。由於見識眼力的逐漸提高，大家也逐漸肯定了我的鑒定能力，很多場合都提名讓我出席。後來唐蘭先生當副院長的時候，有人要賣給故宮一冊宋人法書。開始大家的意見有些分歧，後來唐蘭先生把我叫去，我提出自己的意見，被大家採納。唐先生開玩笑地說：「公之一言，定則定矣。」這句話是從陸法言《切韻》序中引用魏彥淵所說的「我輩數人，定則定矣」套來的，我於是趕緊補充道：「公何以遺漏『我輩數人』四個字耶？」一時成為美談。

文物鑒定工作在「反右」後和「文化大革命」期間自然也受到很大的衝擊。「撥亂反正」後國家非常重視這項事業，1983 年成立了全國書畫巡迴鑒定組。當時有人提議讓我任組長，但我考慮為此事謝稚柳先生曾直接給國務院副總理谷牧同志寫信，理應由他任組長。成員還有徐邦達、楊仁愷、劉九庵、傅熹年、謝辰生和我。謝稚柳原是上海博物館的，後調到北京，當時在上博時有院長沈之瑜，在北京時有張珩，現在這二位都不在了，自然要屬他。徐邦達原來也是上海的，現在是故宮的第一「掌眼」。楊仁愷是遼寧博物館的館長，對溥儀流失在東北的文物自然很熟悉。劉九庵是「老琉璃廠」，雖沒有特別高的學歷，但實際經驗豐富，特別是對明清小名家的作品見多識廣。傅熹年是我推薦的，他是傅增湘老先生的孫子，有深厚的家學淵源，經眼的東西很多，又敢於堅持原則。當時有人說他不

▲ 國家文物局書畫鑒定七人小組合影

夠資格,我說:「他不夠資格,我就更不夠資格。」可以說這個鑒定組集中了全國這一領域的頂尖專家,但頂尖專家組在一起也常會出現意見相左的時候,尤其是文物鑒定,是真就是真,是假就是假,在表態時容不得含混。而對某一件字畫的認識,除了那些假得沒邊的東西,哪那麼好就統一呢?此時如都以老大自居,也就難免出現矛盾。我的態度是我發表我的意見,如果有人反對,我也無所謂。而有的人卻太容不得不同意見,如他已經認定是真的,再有人說是假的,他就會質問人家:「你說是假的,那到底是誰畫的?」這就有點不講理了,這完全是兩碼事嘛。爭到後來有人索性提出辭職。當時規定鑒定組的人每年到全國各地工作三個月,我由於校內還有課,所以總去不滿,有時只去一個月、三個星期。一次謝稚柳拍着我的手說:「你不要跟我來『九三學社』呀。一年應該來三個月,你怎麼只來三個星期呀?」他知道我是九三學社的,所以這樣和我開玩笑。其實我心裏真有這種儘量少去的想法,但我並沒提出辭職。後來消息傳到谷牧同志那裏,他特意請我們吃飯,乾杯時特意對大家說:「一個都不許走啊!」那

位提出辭職的人也不好再堅持了，但也常藉故不來。到 1986 年我被任命為國家文物鑒定委員會的主任委員，我所負責的鑒定範圍更寬了，不但包括對全國的書畫鑒定，也包括對出土文物及古籍的鑒定。如對王安石書《楞嚴經要旨》、宋代龍舒本《王文公文集》、北木何子芝造金銀字《妙法蓮花經》、文天祥墨跡手箚、張大千仿《石溪山水圖》等都進行了鑒定。最近一兩年震驚文物界的《出師頌》《淳化閣帖》的收購與鑒定我也都參加了，其中很多活動都是在故宮舉行的，可以說我的鑒定生涯始終離不開故宮。自解放前就擔任故宮專門委員的，到今天只剩下我一人了，經我眼鑒定的文物大概要以數萬計，甚至是十萬計，從這點來說，我這一輩可謂前無古人，他們從來沒見過這麼多的東西，就憑這一點我就應該知足了。

在長期的書畫鑒定中，我也積累了一些經驗。

首先是看風格習慣。不管字，還是畫，都有一定的時代風格及作者本人的習慣特點，字尤其如此。唐人的字，古代就沒有，元明人寫的怎麼看怎麼是那個時代的。當然，看風格習慣說起來容易做起來難，它是具體作

▲ 1986 年 3 月，國家文物鑒定委員會成立大會後，啟功與部分專家合影

品背後的、抽象的東西；而給人講風格習慣更加難，因為它不是純語言文字能表述的東西，需要對着實物慢慢體會。但有一點是可以肯定的，對風格的鑒賞和習慣的把握必須通過大量的閱讀與觀摩才能掌握，正所謂見多而識廣，博觀而約取，「觀千劍而後識器」。這一點我有絕對的把握，如前所述，我從少年時代就隨賈老師看，聽賈老師講，在以後的專職鑒定生涯中，又見過數以十萬計的作品，我見的東西絕對超過任何古人。但風格習慣又不是完全不可描述的，它會通過一定的形象、手法、技巧表現出來，或者說每個作者必定有他特別的習慣，只要有敏銳的眼光眼力，再加上相應的藝術實踐和一定的領悟能力就能捕捉到它。這一點我也有得天獨厚的條件：吳老師是一個解剖「風格」和解密「習慣」的高手，他能逼真地、惟妙惟肖地分析和模仿很多「大家」和「名家」的手法，不同人的不同形象都是怎樣畫出來的，他們用筆的枯潤、濃淡、深淺、輕重、皴染以及線條的剛柔、構圖的習慣他都能表演出來，他這樣畫幾筆，就是這位的特點，那樣畫幾筆，就是那位的特點。可以說他對這些大家和名家的風格習慣不但心領神會，而且能心手相應地表現出來。按照他的指導，我曾臨過大量的古畫，對他們的風格習慣也有了深入的了解和掌握。也具有這樣本領的還有張效彬先生，他是朱家溍的舅舅，和我的母親很熟悉，小時常一起玩，所以我們之間的關係很親密。他能隨時指點我某一張畫的某個細節都具有什麼特點，比如這個人畫的樹枝、樹葉與那個人畫的有什麼區別，並且隨時向我灌輸這些知識，每見到一張畫就給我講解一番，日積月累，增長了我許多知識。這些知識對鑒定古畫太有用處了。

　　說到多看多學，不能不提到另一群人，這就是民間「專家」，如琉璃廠的一些人品業務俱佳的掌櫃、師傅，我從他們身上也受益不少。我小的時候常串古董鋪，那些老闆雖然不是什麼學者，但也有很多行家，有很多實際經驗。比如「貞古齋」的老闆蘇惕甫先生，就是這樣的人，而且他的人品特別好。我常到他的鋪子去看畫。有一回我看到一張，覺得非常好，連連稱讚，準備攢錢買下來，但蘇老先生卻告訴我：「這張是假的，屋裏那

張才是真的」，並大致説了一下原因。這對一個古董商來説，真是不容易。他覺得我「孺子可教」，就告訴我實情，教我一些知識，而絕不像世風日下的那些商人唯利是圖。他的店堂裏掛着兩個大字的牌匾「貞固」，是鐵保所書，他的人品可當得這兩個字。蘇惕甫老先生有兩個兒子，一個叫蘇庚春，一個叫蘇庚新。這兩位後來都在博物館工作，一個在廣東博物館，一個在陝西博物館。我現在還保留着從他那裏花四元錢買來的雍正年間朱琳的一幅畫，畫的是一隻「黑鳥老等」——一隻長頸的水鳥，立在水邊，正等着啄魚，算作對他的紀念。

還有一位李孟冬先生。他原是專賣古代碑帖的琉璃廠隸古齋的學徒，後來與人合開了一個「二孟齋」，最後做了寶古齋的總經理。他的知識面很寬，不但懂得碑帖，也懂畫會寫。古代很多畫家常隨手一畫，在別人看來可能不怎麼樣，甚至誤認為贋品，但懂行的人卻能判斷真偽，知道它的價值。有一回他從外地用低價買了一張倪雲林的畫，畫面很潦草，拿到故宮後，徐邦達一看就拍板道：「要。」於是賣了個好價錢。他曾臨摹過一卷于右任記載他伯母事跡的帖，把原作和臨摹放在一起，居然很難辨出真假，這些本領就是一般坐堂賣古碑帖的人所不及的了。我常到他的店裏，時間一長就成了知己的好朋友。他店裏有些唐人寫經，他常邊指點邊講解哪塊好，哪塊不好，有時還送我一些殘塊。遇到我想要的東西，他常低價賣給我，還經常告訴我哪裏有物美價廉的東西。後來他又送給我一套《八大山人法帖》拓本，這種帖因為不夠古，在市場上值不了多少錢，那些以越貴越好為標準的達官貴人對這種帖不屑一顧，但對想學書法的人卻很有用，他知道我屬於這種人，而不是只為獵奇，所以就白送給我。而一些珍貴的碑帖不能白送，就送給我拓片。這就不是買賣人的交情，而是文人的交情了。我至今還保留着這本帖，帖上他題籤的手跡還完好如初。最近黃苗子先生把這本帖交河北教育出版社出版，也算對他永久的紀念吧。

這種事情在舊書店也會遇到，那時我攢幾塊錢就要到舊書店去淘換幾本書。有時我到琉璃廠去賣自己的畫，拿了錢，也常直接到對面的舊書店

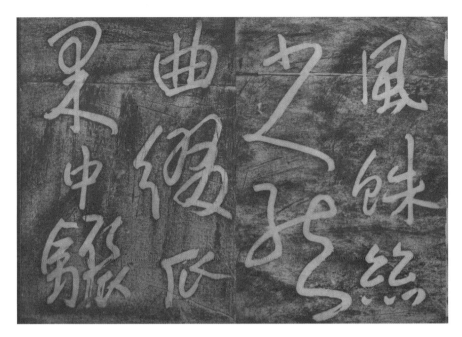

▲ 《八大山人法帖》（局部）

就地買書。有時我挑好了一部書，老闆或夥計就告訴我：「這是八卷本的，不全，那邊還有十卷的，是某某版的足本，價錢也不貴，你為什麼不買那套呢？」這種誠實中肯的態度真令人感動。隆福寺的孫仲連就是這種人，他雖是賣書的，但總把我們這些買書的當成小弟弟、小學生那樣熱情地對待，幫我們挑書。我現在的這些版本學、目錄學知識很多都是那時積累的。總之要想搞好鑒定工作，必須善於向一切懂行的人學習。

其次是看紙墨。這是古字畫之所以成為古字畫的先決條件，或曰硬件條件。高科技的引入在這一領域尤為急迫，比如電腦的筆畫複製和識別，化學元素的檢驗和鑒定等，都應是過硬的第一手材料。在還不能達到之前，經驗和眼力也是必需的。如某些古帖到底是雙鈎廓填還是真跡，是可以在強光下通過細心觀察看出來的，前邊說的《伯遠帖》就是例證。又如去年炒得沸沸揚揚的《出師頌》，有人說是晉朝索靖所書，帖前有落款宋高

▲ 隋人書《出師頌》

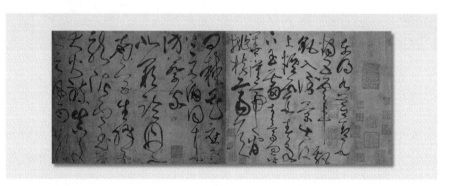

▲ 舊題唐張旭草書《古詩帖》（局部）

宗所題的「晉墨」二字及花押，而題寫此二字的紙上有龍形圖案。據傅熹年先生說，僅憑這些圖案就可斷定此「晉墨」二字為後人偽拓，因為龍上的鬚髮都是方形向上的，稱為「立髮龍」，而這種畫法是明朝以後才有的。明朝以後的紙怎麼會有宋人的題字？這不一目了然了嗎？更何況花押的簽署與宋高宗寫給岳飛的手箚上的花押也不同。

　　三是看旁證。也就是對這張畫提供的相關線索和資料進行考證。這就需要有廣博的歷史知識和文化素養，更不是一般人所能達到的。我在這方

面也受到過良好的訓練，打下了深厚的基礎。別人不說，陳校長就教過我許多這方面的知識和經驗。如他曾見過一張吳墨井（名歷，又號漁山）的畫，吳墨井是江蘇常熟人，因當地有一口著名的井，水色如墨，所以起了這樣一個雅號。這幅畫上有「某年某月寫於桃溪」的落款，陳校長講給我說：「這肯定是假的，因為我作過《吳漁山年譜》，根據可靠的第一手材料，證明這一年他正在澳門聖保祿教堂（其遺址即今之「大三巴」）的二樓學習天主教，後當上了司鐸（神甫），怎麼會寫於家鄉的桃溪呢？」這真可謂鐵案如山，無可辯駁！我在這方面也有一些例證：

如我對「舊題張旭草書《古詩帖》」的考辨：這幅帖是寫在五色箋上的狂草，本來寫的是庾信的五言古詩二首（按：當是《步虛詞》二首）和謝靈運的《王子晉讚》二首，讚也是五言古詩。但有人作偽在先，利用「謝靈運王子晉讚」幾個字從「王」字以下另起一行的空子，把「王」字的上一橫挖去，便成了草書的「書」字，於是前面的兩首庾信的詩就變成「謝靈運書」了。宋徽宗在《宣和書譜》中就明確把它標為謝靈運書，題為《古詩帖》。對此豐坊等人已經有所揭露和批駁，他指出庾信生活的年代比謝靈運晚八十多年，謝靈運怎麼能預寫庾信詩呢？這當然是鐵案如山！但他又根據一些別的理由推測此帖可能是賀知章所書，但他的口氣是比較靈活的。而董其昌又妄斷於後。他在帖後的跋中，劈頭就說這是張旭所書，並瞪着眼睛說瞎話，說自宋以來都認為是謝靈運所書，就連豐坊也這樣說。豐坊的跋文歷歷在目，他就敢這樣胡說，而他斷定是張旭所書的理由，也僅限於風格像現在已失傳的張旭的「煙條」「宛溪」二帖，並無其他根據，只是補充說：「狂草始於伯高（張旭字伯高）」，但始於張旭並不等於就是張旭呀。那麼這四首詩帖究竟是誰寫的呢？根據庾信的原詩為「北闕臨玄水，南宮生絳雲」，而書寫者卻作「北闕臨丹水，南宮生絳雲」的現象，可以找到線索：按古代排列五行方位和顏色，是東方甲乙木，青色；南方丙丁火，赤色；西方庚辛金，白色；北方壬癸水，黑色；中央戊己土，黃色。原詩中的「玄水」即黑水，和「北闕」的「北」正相應；「絳雲」即紅雲，

與「南宮」的「南」正相應。到了宋真宗大中祥符五年，真宗自稱夢見他的始祖名「玄朗」，從此命令天下避諱這兩個字，凡「玄」改為「元」「真」，或缺其點劃。這裏不寫「玄」，顯然是為了避諱，而若寫成「元」或「真」，顯然又與正行的方位顏色無關，所以寫成「月」。這雖與傳統安排不符，但終究可和「絳」字對仗，所以才發生這種現象。因此本帖的書者當是北宋大中祥符五年之後，《宣和書譜》編訂之前。我堅信這個旁證足以成為鐵證，了斷這椿公案。

又如我對陸機《平復帖》和黃庭堅《諸上座帖》的整理研究，這也是鑒定工作的一項重要內容。《平復帖》九行八十六字，首尾完整，未經割截，但用字、用筆都相當古奧難辨，為它作釋文相當困難，不但要把具體的字認準，還要與陸機的生平事跡相合。為此我詳細研讀了陸機的史傳和文集，以及相關的史料，不但釋出全文，而且把殘損的五個字補出了三個，並對帖中出現的三個人名作了一些考證。《諸上座帖》為狂草，有些字狂到逸出法度之外，所寫的內容又是禪僧語錄，用詞詭異，極其難讀，為它作釋文不但要熟悉草書，而且要精通禪宗的公案、話頭，我能順利地把它釋出也是得力於書法以外的廣博知識。

又如《蒙詔帖》，謝稚柳先生從風格上判斷，認為這幅帖當是柳公權所書。但我早從張伯英先生那裏得知這是贗本，因為它的文辭不通：帖文中有「公權蒙詔，出守翰林，職在閒冷」之句，「翰林」是朝官，怎麼能說「出守」？這與宋刻《蘭亭續帖》所記不符。後來我在上海博物館及友人家中陸續看到《蘭亭續帖》，得知原文本是：「公權年衰才劣，昨蒙恩放出翰林，守以閒冷」，這才講得通。由此可知「出守翰林」本的《蒙詔帖》當是後人摘錄臨摹柳公權的本子。記得在巡迴鑒定時，一次與謝先生同乘一輛小車，在座的還有唐雲，談起此帖時我對謝先生說：「你看它像柳公權這也許不錯，但這次你要聽我的，這是鐵證如山。」他說：「好，我聽你的。」但過了幾天，他又跟我說：「我又看了，覺得還是柳公權的。」我也就只能隨他便了。還有去年才收購的號稱晉人索靖所書的章草體的

彥先羸瘵，恐難平復。往屬初病，慮不止此，此已為慶，承使唯男，幸為復失前憂耳。吳子楊往初來主，吾不能盡。臨西復來，威儀詳時，舉動成觀，自軀體之美也。思識□，愛之邁前。執所恆有，宜□稱之。夏伯榮寇亂之際，聞問不悉。

　　右陸士衡《平復帖》所踪三人，賀彥先多病，見於史傳，餘不可考。使唯耳吳恆伯問七字較殘盡推釋。

一九六五年　啟功注

▲　啟功臨《平復帖》及釋文.

史岑的《出師頌》，其實史籍早有記載它不是索靖的作品。米元章在他的「草書六帖」（現在日本大阪美術館）中曾記載說他從未見過索靖的真跡，並以此為憾，說如見到就能知道他下筆的方法了。米元章的朋友黃伯思的《東觀餘論》也曾有兩處明確記載唐以後就見不到章草體的墨跡了。所以宋高宗在讓米友仁鑒定時，米友仁明確說這是「隋賢」的作品。我在《論書絕句》中早就談到這個問題：「隋賢墨跡史岑文，冒作索靖蕭子雲。漫說虛名勝實詣，葉公從古不求真。」又在題記中解釋道：「佚名人章草書史岑《出師頌》。米友仁定為隋賢書。宋代以來叢帖所刻，或題索靖，或題蕭子雲，皆自此翻出者……米友仁題曰隋人者，蓋為其古於唐法，可謂真鑒。昔人於古畫牛必署戴嵩，馬必署韓幹。世俗評法書，隸必署蔡、鍾，章必署索、蕭，亦此例也。」這兩個例子證明要想對書畫鑒定有真知灼見，必須有廣博的書畫之外的知識學問。特別是《出師頌》，如果拍賣時主持者早就知道相關的知識，怎麼會真的把它當成索靖的「晉墨」而把價錢炒得那麼高呢？

以上是正面的經驗、方法。我還從實踐中總結了七條忌諱，或者說社會阻力容易帶來的不公正性：即一、皇威；二、挾貴；三、挾長；四、護短；五、尊賢；六、遠害；七、容眾。簡而言之，前三條是出自社會權威的壓力，後四條是源於鑒定者的私心。為此我寫了一篇《書畫鑒定三議》一文。後聽謝稚柳先生的一個在美國的學生說謝先生對這篇文章有意見，認為是挖苦他的，我趕緊向他解釋：告訴他哪條是根據誰說的，哪條又是根據誰說的，這裏面包括我尊敬的沈尹默先生和張效彬先生等人，其中很多內容和事情還是你跟我說的，你還記得嗎？我的文章如果還有什麼錯誤請你指正。他聽了以後笑着對我說：「他們都說你滑頭。」我說：「『他們』說我滑頭，『你』說我滑頭不滑頭？」說完彼此一笑也就過去了。我這裏總結的七條確實是根據我的經歷和經驗以及別人跟我講的事例得出的。不妨舉一個例子：就拿我尊敬的張效彬先生來說，他是我的前輩，由於熟識，說話就非常隨便。他在當時的鑒定家中是公認的權威，我們都很尊重他。他晚年

收藏了一幅清代人的畫，正好元代有一個和他同名的畫家，有人就在這幅畫上加了一段明朝人的跋，說這幅畫是元代那個畫家的畫。我和王世襄先生曾寫文章澄清這一問題，張老先生知道後很不高興。再見到我們的時候用訓斥小孩子的口吻半開玩笑地說：「你們以後還淘氣不淘氣了？」我們說：「不淘氣了。」大家哈哈一笑也就過去了。這雖然是一段可入《世說新語》的雅趣笑談，但足以說明「挾長」「挾貴」的現象是存在的。

「挾貴」「挾長」的要害是迷信權威，而迷信權威也包括對某些著錄的迷信。比如端方（午橋）寫了一本《壬寅消夏錄》，他一直想在書前放一張最古、最有分量的人物像。有一個叫蒯光典（禮卿）的人知道了這個消息，就拿了一張號稱尉遲乙僧畫的天王像，找上門去，在端方的眼前一晃。端方當然知道著錄書上曾記載過尉遲乙僧曾畫過這類題材的作品，於是胃口一下被吊了起來，連忙說：「今天你拿來的畫拿不走了，我這裏有的是好東西，你隨便挑，要什麼我都給你，只要把這張畫留下。」這正中蒯光典的下懷，這本是一張假畫，他本來就想利用端方並不真正懂行，而著錄書上又有相似的記載來騙他的。後來我在美國華盛頓的弗瑞爾博物館看到這張畫，實在不行。它貼在木頭板上，上面有很多題跋，但假的居多，只有宋人的一個賬單是舊的，記載此畫在當時流傳過，但並不能說明它就是尉遲乙僧的。於是蒯光典大大方方地挑了一張趙孟頫的《雙松平遠圖》手卷，上面本有乾隆的題詩，可能是太監偷出來的原因，題詩已被刮去，他說：「我就要這個」，端方當然很捨得。後來這張畫又被張珩買走，他當時住在六國飯店，我去看他，他特意拿出這張畫讓我看，只見被刮去的地方都是小窟窿。後來張珩請高明的裱匠重新裝裱，畫面平整如初，好像沒被刮一樣。

關於鑒定的趣事和體會，我寫過不少文章，都收在《啟功叢稿》中，這裏就不再多舉了。

三、詩詞創作

我終生不輟的另一項事業是詩詞創作。上世紀八十年代後，我陸續出版了《啟功韻語》《啟功絮語》《啟功贅語》共七百多首詩，後中華書局把它們合併到《啟功叢稿》「詩詞卷」，北師大出版社又出版合卷的注釋本，定名為《啟功韻語集》。

我從小就喜歡古典詩詞，當祖父把我抱在膝上教我吟誦東坡詩的時候，那優美和諧、抑揚頓挫的節調就震撼了我幼小的心靈，我覺得它是那麼動人、那麼富有魅力，學習它絕對是一件有趣的事，而不是苦事。從此我饒有興致地隨我祖父學了好多古典詩詞，自己也常找些喜愛的作家作品閱讀吟詠，背下了大量的作品，為日後的創作奠定了良好的基礎。

我開始進行正式的創作是在參加溥心畬等人舉辦的聚會上，那時聚會常有分題限韻的創作筆會，我日後出版的《啟功韻語集》中開頭的幾首「社課」的詩就是那時的作品。那時溥心畬是文壇盟主，他喜歡作專學唐音的那路詩，甚至被別人戲稱為「空唐詩」，受他的影響我也作這種詩，力求格調圓美、文筆流暢、詞彙優雅，甚至令溥心畬都發生「這是你作的嗎」的感慨（見第二章）。但這種詩並沒有更多的個人情志，我之所以這樣作，一來是應當時的環境，二來是向他們證明我會這樣作。後來我就很少寫這樣的作品了，三十歲左右寫的《止酒》《年來肥而喜睡》等詩就緊扣自己的生活來寫，筆調也逐漸放開，那種嬉笑詼諧、雜以嘲戲的風格逐漸形成。如《止酒》寫自己的醉態：

> ……
>
> 席終顧四坐，名姓誤誰某。
> 躑躅出門去，團欒墮車右。
> 行路訝來扶，不復辨肩肘。
> 明日一彈冠，始知泥在首。
>
> ……

而那種傳統的調子我也沒丟。解放後、反右前我沒怎麼作詩，大概那時教學和文物鑒定工作都比較忙。反右後我的很多熱情都被扼殺了，如繪畫，但詩詞創作卻是例外，大約是「詩窮而後工」的法則起了作用，但我從來沒直接寫過自己的牢騷，只是寫自己的一些生活感受，如《寄寓內弟家十五年矣。今夏多雨，屋壁欲圮，因拈二十八字》：

> 東牆雨後朝西鼓，我牀正靠牆之肚。
> 坦腹多年學右軍，如今將作王夷甫。

說自己多年學習書法，而現在發愁的是將要被快倒的牆壓死。1971 年借調中華書局整理《二十四史》，是我苦中作樂，多事之秋比較閒在的一段，也是我詩詞創作較為活躍的一段。那時我身體不好，患有嚴重的眩暈症，經常天旋地轉，甚至暈倒。這一段光歌詠患病的作品就有十五六首之多，再加上那時我已年過「知天命」之年，對世事人生都看開了，於是那種自我調侃、自我解嘲的風格達到了高峰。也許有人對我的這些詩有不同的看法，貶我的人說我油腔滑調，捧我的人說我超脫開朗，這也許都不無道理，但如果把它放在那個時代來看，大概我只能自己開自己的玩笑了。如《鷓鴣天·就醫》：

> 浮世堪驚老已成，這番醫治較關情。一針見血瓶中藥，七字成吟枕上聲。　　屈指算，笑平生。似無如有是虛名。明天闊步還家去，不問前途剩幾程。

「文革」後，特別是「撥亂反正」後的八十年代、九十年代是我詩詞創作的高潮，八成的作品都是作於這一時期。內容包括奉答友人、題跋書畫、論詩論藝、生活隨感、題詠時事、記錄旅跡等，可能是與古代所有的詩人一樣，我自覺晚年的作品更趨於風格多樣和「漸老漸熟」，框框更少，寫起來更加隨意了。以上是我對創作道路的簡單回顧。

總結一生的詩詞創作，我有以下一些體會：

首先，我認為作古典詩詞就應該充分發揮古典詩詞的優點和特色，這首先體現在優美的格律上。我從小喜歡詩詞並不是因為它的文字，而是它的韻律，因為那時我對文詞的意義並不真正了解。韻律包括協韻和平仄，它體現了漢語詩歌的音樂性。從廣義上說，中國的詩歌始終是一種音樂文學，而不僅是案頭文學。最初的詩三百、樂府，以及後來的宋詞、元曲都是可唱的，而且很多唐詩也是可唱的，稱為「聲詩」，而其他的詩也是可以吟誦的。這顯然是由漢語語音本身的特點決定的。漢語的音節多以元音結尾，舒展悠揚，押韻效果強。而漢語又屬於有聲調的漢藏語系，本身帶有高低起伏、抑揚頓挫的變化，我們必須利用這種特點組合語言，從而達到美誦與美聽的效果，否則豈不白白浪費了這個特點？如果把詩篇比成一座美麗的殿堂，那麼漢語的語言材料就不僅是一堆磚頭，怎麼砌都一樣；組合好了，它就可以變成優美的浮雕，因為它本身就帶有優美的藝術性。我們的先人自古就發現、利用了這一特點和優點，才創造了具有民族特色的中國詩歌。有一種觀點認為中國的聲律學是起自六朝沈約等人，而他們之所以發現四聲的特點又是在翻譯佛經時受到梵文的啟發。我堅決反對這種觀點，說它是崇洋媚外也不過分。只要我們翻翻《詩經》《楚辭》以至《史記》，就能找到大量的例證，證明古人早就在詩中，甚至是散文中注意到語言的聲調搭配，只不過到六朝時逐漸找到聲調的最佳組合，逐漸形成了規律，產生了更為嚴格也更為優美的律詩，而後的詞曲句式仍然要符合它的基本要求。

我們今天寫古詩，特別是律詩和使用律句的詞，一定要堅持這些固有的原則，但隨着時代的發展，也應作一些技術上的調整。簡而言之可以概括為「平仄須嚴守，押韻可放寬」十個字。所謂「平仄須嚴守」，是因為只有按照平平仄仄這樣的音調去排列組合，聲音才能好聽，才能把漢語的音調特色發揮出來，而不至埋沒它的光彩。這裏存在這樣一個問題：即自《中原音韻》產生後，那時的北方話和現在的普通話已經沒有了入聲，它們分

別派入到平聲、上聲、去聲中。在讀古詩時，派入到上聲和去聲對普通話問題還不大，派入到平聲，如果按照格律此處本應讀仄聲，則必須按古音讀，如不會讀古入聲，哪怕按通例讀成和緩的降調也好，因為只有這樣才能讀出韻律之美。而我們在作律詩時，按規律本應讀仄聲的地方使用了派入為平聲的古入聲字，這本不錯，讀時就按入聲處理即可；而該平聲的地方，最好不要使用派入平聲的古入聲，不得已而用時，最好注明「按今音讀」，這樣才能保證平仄的嚴格性。所謂「押韻可放寬」，是因為從《切韻》《廣韻》《禮部韻略》《平水韻》直到後來的《中原音韻》、「十三轍」，說明漢語押韻的現象和方法是在不斷變化的，大趨勢是逐漸由苛細到寬簡。古代的韻書大多只對當時詩賦科考有制約力，而一般的文人在平時作詩時也不會刻意地遵循它，宋代的楊萬里、魏了翁等都有明確的言論提及到這種現象。而在科考中也不斷出現很難遵守韻書的情況，如清代的高心夔兩次科考都因押「十三元」韻出了問題，從而兩次以「四等」的成績而落榜，以致王闓運譏諷他為：「平生雙四等，該死十三元。」既然押韻是隨着時代語音的發展變化而變化的，我們今天作詩當然也可根據現代語音的特點有所變化。原來我還是比較講究用古韻的，但總不能身上老帶一本韻書啊，比如住院，無法檢點是否合韻書，只好憑自己的感覺來合轍押韻，起初還以用十三轍或詞曲韻之類為藉口，後來越發的手滑，索性怎麼順口怎麼來。因為「韻」本身就帶有平均、和諧、順溜的意思，比如有人批評南朝和尚支遁喜養馬為「不韻」，請問和尚養馬有什麼韻不韻的問題？就是因為馬貴騰驤，僧貴清淨，所以顯得不協調。因此只要唸着順口，聽着順耳，就是合轍押韻。後來我在《啟功絮語》中寫了這樣四句話作為對這個問題的總結：

用韻率通詞曲，隸事懶究根源。
但求我口順適，請諒尊聽絮煩。

其次，我認為反映現實、表現生活應有多種形式。就事論事、直抒

胸臆是一種方式，寄託、比興也是一種方式。兩種方式因人而異，因事而異，不能說哪種優於哪種。我們北師大有位鍾敬文先生，詩作得很好，承蒙他看重，他對我的詩謬賞有加。但我們兩人的寫法卻很不一樣，他屬於那種純寫實的寫法，每首詩的題目都緊扣現實，都是根據當時的某一事件而來的，寫起來也多採取直抒胸臆的手法。而我則認為詩不應太直接地敘寫時事，不應太就事論事，而要把它化為一種生活感受和思想情緒加以抒發，寫的時候應更多地採取寄託、象徵的手法，也就是藉助寫景詠物等手法來委婉含蓄地加以表現。反過來說，寄託象徵、委婉含蓄不等於不寫實，只是另外的一種寫實，這也是中國古典詩歌的傳統之一。總之我們應該全面正確地理解表現生活、反映現實，不要把它理解得太機械、太死板、太表面化。如我寫的《楊柳枝二首》：

> 綺思餘春水一灣，流將殘夢出關山。
> 王孫早惜鵝黃縷，留與今朝蕩子攀。

> 青驄回首憶長楊，玉塞春遲月有霜。
> 一樣春風吹客夢，獨聽羌管過臨潢。

這兩首詩表面看來和傳統的藉詠柳而寫離別並沒什麼不同，但它的含意遠不這樣簡單。這首詩作於 1944 年汪精衛死於日本之後，第一首「流將殘夢出關山」指汪精衛最後叛離祖國，「王孫」指清末攝政王載灃，「蕩子」指日本人，當年汪精衛刺殺攝政王，未遂被捕，攝政王反而保釋了他，才給他留下日後投靠日本人的機會，成了日本人任意擺弄的工具，而汪精衛本人則像是「這人攀了那人攀」的「楊柳枝」。第二首「玉塞春遲月有霜」是說東北淪陷後一直沒有明媚的春光，後兩句用典：當年金滅北宋，曾扶植劉豫傀儡政權，劉豫失寵後被迫徙於金人指定的臨潢，並死在那裏，這和汪精衛最後被弄到日本，並死在日本一樣。應該說我這首詩的主題完全

是寫實的，只是和一般的直抒胸臆的寫法不同罷了，我更偏愛含蓄、寄託的手法。當然，我也有直接寫實的作品，如我一連氣作了八首《鷓鴣天》，寫「乘公共交通車」的擁擠狀況，不是「身經百戰」的人是寫不出來這樣親身感受的。

還有，我主張「我手寫我口」，或者說得更明白、更準確些是「我手寫我心」，即一定要寫出真性情、真我。我曾寫過這樣的詩句：「天仙地仙太俗，真人唯我犗蘇。」我認為蘇軾的詩之所以好主要是因為他寫出了真性情。「美成一字三吞吐，不是填詞是反芻。」我之所以不喜歡周邦彥的詞，是因為他在表情時總是吞吞吐吐，把沒味道的東西嚼來嚼去。「清空如話斯如話，不作藏頭露尾人。」李清照的詞之所以可愛是因為她敢於用明白如話的語言寫自己的真情實感，而從不隱藏。「非唯性癖耽佳句，所欲隨心有少陵。」杜甫的偉大不僅在於他善於錘煉，「語不驚人死不休」，更在於他

▶ 啟功公交月票

的隨心所欲，不受任何侷限地表現自己的所思所想。「我愛隨園心剔透，天真爛漫嚇人時。」袁枚的真心沒有一絲的矯揉造作，始終葆有童真一般的天真爛漫，僅憑這一點就夠驚世駭俗了。「有意作詩謝靈運，無心成詠陶淵明。」謝靈運的詩之所以不好是因為他太做作了，而陶淵明的詩之所以好，恰恰是因為他的無心，而無心才能無芥蒂，無芥蒂才能有真性情。我覺得詩的最高境界是：「佳者出常情，句句適人意。終篇過眼前，不覺紙有字。」──讓讀者不必在文字上費工夫就能領略作者的情意。總而言之就是要做到詩中有我，讓別人一讀就知道是「我」的詩。

我覺得我很多詩大抵能達到這一點。如我的《痛心篇》二十首，文辭都很簡單明了，但都是我「掏心窩子」的話，我覺得我對老伴的真情根本不需要通過修飾去表達，最家常、最普通、最淺顯的話就能，也才能表達我最真摯、最獨特、最深切的感情，這就是「不覺紙有字」吧。很多讀者喜歡它，也是由於讀出了其中的真感情。又如我這個人喜歡「開闊」，因此詩中常有些「雜以嘲戲」的成分，正像我自嘲的那樣「油入詩中打作腔」，我以能表現自己的這個特點為能事，使人一看就知道這是啟功的詩，而不怕別人譏我的詩是「打油詩」。這就是「我手寫我口」──把自己的個性表現出來。如我愛拿自己的病和不幸經歷來調侃，別人給我寫詩是絕對不會這樣寫的，而和我有同樣經歷的人，由於性格不同，大概也不會這樣寫。如調侃我的眩暈症的《轉》：

> 「別腸如車輪，一日一萬周。」
> 　昌黎有妙喻，恰似老夫頭。
> 　法輪亦常轉，佛法號難求。
> 　如何我腦殼，妄與法輪侔。
> 　秋波只一轉，張生得好逑。
> 　我眼日日轉，不獲一睢鳩。
> 　日月當中天，倏閱五大洲。

自轉與公轉，縱橫一何稠。

團團開笑口，不見顏色愁。

轉來億萬載，曾未一作嘔。

車輪轉有數，吾頭轉無休。

久病且自勉，安心學地球。

　　我想，只有像我這樣得過眩暈症，又熟讀過韓愈詩和《西廂記》，並喜說佛法，且敢於自嘲的人才能寫出這樣的詩。又如我的《自撰墓誌銘》：

中學生，副教授。

博不精，專不透。

名雖揚，實不夠。

高不成，低不就。

癱趨左，派曾右。

面微圓，皮欠厚。

妻已亡，並無後。

喪猶新，病照舊。

六十六，非不壽。

八寶山，漸相湊。

計平生，諡曰陋。

身與名，一齊臭。

　　有人稱這類詩為「啟功體」或「元白體」，起碼說明它寫出了我的個性，對這個稱號我是非常願意接受的。

　　最後，我認為應該把繼承傳統與勇於創新結合起來。現在古典詩詞的創作熱潮空前高漲。但想寫出好作品卻不容易，它必須符合兩個基本的原則：既要繼承，又要創新。就繼承說，因為我們要創作的是舊體詩詞，

所以無論從形式到神韻都必須有古典的味道，否則僅把句式切割成五、七言或規定的長短句，然後完全用今人的思維方式、審美情趣和表達方式來寫，即使寫得再好，恐怕也難稱為舊體詩。就創新說，因為是當代人寫，所以不但要寫出時代氣息，而且要在創作風格上體現出新特點、新發展，徑直去讀古人的作品，因為在這範疇內，我們做不過古人。只有將繼承和創新完美地結合在一起，才是當代人寫的古典詩詞，才有價值。

　　這裏面有很多具體問題。比如詞彙和語言的運用，我們既要能熟練地掌握一大批生動精練、仍然富有生命力的古典詞彙、古代典故，建立一個豐富的古典語庫，使創作出的作品富有古色古香的書卷氣；又要巧妙而恰當地使用現代詞彙、現代典故，因為我們生活在新時代，不可能完全迴避新詞彙、新語言。如果在大量的作品中居然看不到任何新語言，那我們真要懷疑這些作品到底有多少新思想、新內容了。當然只有古典典故，一說病就是「文園消渴」，也過於貧乏。所以我的詩裏面既有「函丈」「宮牆」「絳帳」「後堂絲竹」等稱老師、教席的古典詞彙，也有「此病根源由頸部。透視周全，照遍傾斜度。骨刺增生多少處。頸椎已似梅花鹿」及「真成極右

▲ 啟功《卡拉 OK》墨跡

派」這樣大量使用現代詞語和典故的作品。寫到手滑處，甚至出現了「卡拉 OK 唱新聲」，「一堆符號 A 加 B」的句子，這種句子是好是壞，讀者可以自加評判，我的意思是說一定敢於使用新語，而且要把使用古典語與使用現代語相結合。還要善於用淺顯語寫深意境，這比生搬硬套艱澀深奧的語言最後只能表達不知所云的意思要好得多。我有些詩就是追求這種效果，如《古詩二十首·其九》：

老翁繫囹圄，愛貓瘦且癩。
七年老翁歸，四人勢初敗。
病貓繞膝號，移時氣已塞。
人性批既倒，貓性竟還在。

當然繼承與創新的最主要方面是在格調、意境、神韻上，是在古色古香的舊體形式上體現出新思想、新情感，也就是說，我們的觀點、內容不能被傳統題材、傳統形式和傳統手法所掩蓋。比如說感慨時光易逝、人生苦短這是自古以來的傳統題材，一般人作起來很難跳出古人的窠臼，於是我這樣寫：

造化無憑，人生易曉。請君試看鐘和錶。每天八萬六千餘，不停不退針尖秒。　已去難追，未來難找。留他不住跟他跑。百年一樣有仍無，誰能不自針尖老！

又如古來詠王昭君的詩詞數不勝數，怎麼能再寫出新意？我在《昭君辭二首》的小序中寫了這樣一段話，可以代表我在這個問題上的觀點：

古籍載昭君之事頗可疑，宮女在宮中，呼之即來，何須先觀畫像？即使數逾三千，列隊旅進，臥而閱之，一目足以了

八仙傳說多，誰曾得一遇。遂有魔術家，
編為電視劇。演員俱化裝，各自持道具。
小船遭大風，神仙入海去。

北魏鄭道昭，大書鑿石壁。雲峯高崔嵬，
署字頗充斥。如今名勝區，告示禁題刻。
妙計新碑林，飛鴻待啄迹。

劉邦有天下，功狗無戈生。身死諸呂強，
後宮忽以清。陳平擅奇計，事過尤可徵。
代王夢中來，高祖空戰征。

吾羨出祁山，忝竊自含計。後主抑其衷，
足見与忌。狼顧司馬懿，魏文屢相庇。
方謂知舜禹，轉瞬食其弊。

古人各著書，所以教後代。後人遂其私，
言好行則壞。掠財反殺人，二者包無外，
亦有窒之氓，動色程之弄。

史載殺人狂，北齊推高洋。歷時未千載，
復有朱元璋。清人代明政，遺臣攀先皇。
康熙下拜後，洪武仍平常。

老子說大患，患在吾有身。斯言哀且痛。
佛陀徒止欲，孔孟程教仁。
五千羡再論，坦率豈無因。荀卿主性惡，

老翁繫圖圈，愛貓瘦且癲。七年老翁悸，
四人勞物欺，病貓繞膝蹮，移時氣已塞。
人性批既倒，貓性竟還在。

吾愛諸勤物，尤愛大耳兔。馴弱仁所鍾，
伶俐智所賦，貓貔突然采，性命付之去。
善羡兩全時，能孰能無懼。

吾降壬子年，今第七十九。年：甘与苦，
何必逐一剖。平生稱大幸，衣食不斷有，
可耻尚多貪，朝夕兩杯酒。

▲ 啟功《古詩二十首》墨跡

然。於既淫且懶之漢元帝，並非難事。而臨行忽悔，遷怒畫師，自當別有其故。按俚語云：「自己文章，他人妻妾」，謂世人最常矜慕者也。昭君臨行所以生漢帝之奇慕者，為其已為單于之婦耳。詠昭君者，群推歐陽永叔、王介甫之作。然歐云：「耳目所及尚如此，萬里安能制夷狄」，此老生常談也。王云：「漢恩自淺胡自深，人生樂在相知心」，此激憤之語也。余所云：「初號單于婦，頓成傾國妍」，則探本之意也。論貴誅心，不計人譏我「自己文章」。

不論我的這篇文和兩首詩是否能達到「誅心」之論，但力求立論新穎、深刻畢竟是我追求的首要目的。

四、學術著作

如前所述，我最初所寫的幾篇學術論文都是在陳校長的直接幫助與過問下完成的，這對我走上學術研究的道路起到了至關重要的作用。特別是他的治學精神和方法，如一定要竭澤而漁地蒐集第一手材料的嚴肅態度，對我一生的學術研究都起到了指導作用。這裏我把某些論文和專著的寫作背景、情況、心得向大家作一些簡要的說明。

五十年代我為人民文學出版社出版的程乙本《紅樓夢》作過注，這是解放後第一部注釋本。由於我對滿族的歷史文化、風俗掌故比較熟悉，因此被認為是最合適的人選。但我認為程甲本更符合曹雪芹原意，程乙本在程甲本的基礎上做了一些改動，把很多原來說得含混的地方都作實了，自以為得意，殊不知曹雪芹本來就是有意寫得含混，所以我又向出版社推薦程甲本，為此我又寫過《讀紅樓夢劄記》和《紅樓夢注釋序》等研究紅學的文章，承蒙學術界，特別是紅學界的謬賞，這些文章直到現在還經常被

人提及並引用。我在這些文章中提到了以下幾個主要觀點：

在《紅樓夢注釋序》中，我指出讀《紅樓夢》特別要注意的幾個問題，這也正是注《紅樓夢》所要解決的問題，即俗語、服裝、器物、官職、詩詞、習俗、社會關係、虛實辨別。同時提出一些帶有普遍性的問題，如我認為：「《紅樓夢》裏的詩和舊小說中那些『讚』或『有詩為證』的詩都有所不同。同一個題目的幾首詩，如海棠詩、菊花詩，寶玉作的表現寶玉的身份、感情；黛玉、寶釵作的，則表現她們每個人的身份、感情，是書中人物自作的，而不是曹雪芹作的詩。換言之，每首詩都是人物形象的組成部分。」這是就如何全面理解人物形象提出的見解。又如：「寶玉的婚姻既由王夫人做主，那麼寶釵中選，自然是必然的結果（寶釵之母為王夫人之妹）。這可以近代史中一事為例：慈禧太后找繼承人，在她妹妹家中選擇，還延續到下一代。這種關係之強而且固，不是非常明顯的嗎？另外從前習慣『中表不婚』，尤其是姑姑、舅舅的子女不婚。如果姑姑的女兒嫁給舅舅的兒子，叫做『骨肉還家』更犯大忌……本書的作者賦予書中的情節，又豈能例外！」這就是對《紅樓夢》愛情悲劇主題的解釋，而且我認為這種解釋是最能切中要害的。

在《讀紅樓夢箚記》一文中，具體分析了《紅樓夢》中「所寫的生活事物，究竟哪些是真實，哪些是虛構」。如對《紅樓夢》所寫的年代及地點的撲朔迷離進行了具體的考辨；對《紅樓夢》官職中既有虛構的，也有真實的，還有半真半假的進行了梳理；對《紅樓夢》中的服裝描寫進行了研究，指出哪些是實寫的，哪些是虛寫的：大體看來，男子的多虛寫，女子的多實寫；女子中少女、少婦的更多實寫。並結合對辮式、小衣、鞋子以及稱呼、請安、行禮的描寫分析了當時的風俗。最後對《紅樓夢》為什麼要「這樣費盡苦心來運真實於虛構」進行了分析。

後來我很少再寫紅學的文章了，這裏面有些複雜的原因。一是 1957 年我母親和姑姑先後去世，我沒有任何積蓄，辦後事的錢都是用的《紅樓夢》注釋的稿費，所以一提起《紅樓夢》我就老聯想起這段傷心的往事。二來

我覺得後來的某些紅學研究有點不靠譜，僅以七十年代中期發現所謂的曹雪芹故居來說，依我看就屬子虛烏有，我在給學生講課時曾開玩笑說：「打死我我也不相信。」為此我曾寫過一首《南鄉子·友人訪「曹雪芹故居」余未克往》：

> 友人聯袂至西郊訪「曹雪芹故居」，余因病未克偕往。佳什聯翩，余亦愧難繼作。
> 一代大文豪。晚境淒涼不自聊。聞道故居猶可覓，西郊。仿佛門前剩小橋。　訪古客相邀。發現詩篇壁上抄。愧我無從參議論，沒瞧。「自作新詞韻最嬌」。

我以為與其費勁炒作這種沒意義的發現，還不如好好讀讀《紅樓夢》本身，體會一下書中豐富的內容。

六十年代我出版了第一本專著《古代字體論稿》。這是我把多年文字研究和書法研究結合在一起的著作。我認為漢字字體不僅是風格問題，而且直接影響字形結構的變遷，所以要想把漢字的構形歷史梳理清楚，不深入考察字體的演變是難以做到的。在這部著作中我提出了幾個觀點，也澄清了幾個問題。我認為字體形成是一個漸變的過程，「一種字體不會是一個朝代突然能創造的」，一種主流字體成熟的時期，往往就是它被另一種字體取代的開端。每種字體都有不同的名稱，有的是別名，有的是俗名；有的是泛指，有的是專指；有的是廣義，有的是狹義，因此字體中既有同名異實，又有異名同實的現象。這都是容易被人忽視的地方。造成這種現象的原因主要來自字體的漸變性：一種主流字體發展為另一種主流字體沒有絕對的時限，因此它所指的對象也就不可能完全一致。如隸書，一般人認為蠶頭燕尾的才叫隸書，但「秦俗書為隸，漢正體為隸，魏晉以後真書為隸，名同實異」。而唐人管楷書就叫隸書，因為在唐人看來凡是俗體字都叫隸書。所以我們在談隸書時一定要首先確定它指的是哪個時代所說的隸書。造成

這種現象的另一種原因是字體分類的角度、標準不同，如楷書，「對於寫的風格規矩整齊的字都稱之為楷，是泛用的形容詞；用楷書這詞來稱真書，則是專名，名同實異」。也就是說名為楷書是就風格而言，名為真書是就與其他字體比較的實用地位而言。所以我們必須全面地理解各種字體因不同的時期、不同的分類而產生的不同意義，才能正確地研究書法學及文字學。

六十年代我還起草了另一部著作《詩文聲律論稿》，但在「文革」期間始終無法出版，直到「文革」後才得以問世。這是我的用力之作，花費了多年的思考與斟酌，直到本世紀初我還在不斷地修改，可謂耗費了我大半生的精力。從前人對於詩、詞、曲的聲調格式，常是憑硬記的，或把一些作品畫出平仄譜子來看，或找幾首標準的作品來讀，總之對平仄變化的必然性缺乏主動的了解。我發明的「竹竿」理論可以彌補這方面的不足。即以五言為例，公認有四種基本句式，即 A 句式：仄仄平平仄；B 句式：平平仄仄平；C 句式：仄平平仄仄；D 句式：平仄仄平平。如果我們兩字一節地把無限循環的平平仄仄排成一個長竹竿：「平平仄仄平平仄仄平平仄仄……」，則會發現 A 句式是由第三字截至第七字而來（第七字至第十一字是它的重複），B 句式是由第一字截至第五字而來（第五字至第九字是它的重複），C 句式是由第四字截至第八字而來（第八字至第十二字是它的重複），D 句式是由第二字截至第六字而來（第六字至第十字是它的重複），也就是說只要挨着排的從這根竹竿上截五個字，只能截出以上四種句式。再換句話說，如果你記不住五言格律的形式，你就從這竹竿上挨着排地往下截好了，再怎麼截也是這四種形式。至於七言，只要在這四種句式前加兩個與它相反的音節即可。以上各種句式「除了五言 B 句式外，無論五言、七言的首字都可以更換（可平可仄），這是因為句子的發端處限制較寬。只有五言 B 句式首字不能更換，是因為它如換用仄聲，則下邊一字便成為兩仄所夾的『孤平』，聲調便不好聽。七言句是五言句上加兩個字而成的，不但七言句本身的首字可以更換，即從五言句首帶進來的可換之字，也仍保留着可換的資格」。我這個「竹竿」理論不但適用五言句和七言句，還適合

三言、四言、六言等任何句式。以三言為例，律詩雖沒有三字句，但特別講究三字尾，即每句結尾的最後三個；而在詞中常出現三字句，也應合律。從上舉「竹竿」截取前三個音節，即平平仄，第二到第四為平仄仄，第三到第五為仄仄平，第四到第六為仄平平（以下又是上述的重複），全都符合律句的要求，就是截不出仄仄仄或平平平的形式，而這恰恰是詞中三字句和五言律句、七言律句後三字最忌諱出現的情況。總之這「竹竿說」可謂我的發明，它可以簡單、主動區別出什麼句式符合律句，什麼句式不符合律句，大大減少了對律句理解的神祕性和記憶、區分律句的複雜性。明白了這一基礎，再搞清律詩有首句入韻和不入韻的區別，以及律詩的黏對關係，律詩的基本格律問題就都解決了。我在書中還指出，古體詩以至《詩經》《楚辭》，駢文以至散文、史書很多音節的安排也是符合平仄相間的習慣（指第二字和第四字平仄相間，為了形象說明，我把每兩個音節比為一個盒子，上一個音節為盒蓋，下一個音節為盒底，盒底重要，不可換，盒蓋較輕，可換。如以平平仄仄為例，第二字的平和第四字的仄是不可換的，必須平仄相間），這說明律詩不是憑空冒出來的，它是在人們長期使用中逐漸總結出的規律，或者說中國的詩文都很注重聲調的運用，只不過律詩最為注重罷了。

1989 年我又把八十年代寫的一些探討漢語現象的文章集結為《漢語現象論叢》，在香港出版，1996 年又由中華書局在內地出版。這本書說白了就是針對馬建忠的《馬氏文通》語法體系而發的。我認為《馬氏文通》的葛郎瑪（grammar「語法」）體系，以及「以英鑒漢」「以英套漢」「以漢補英」等流派對很多漢語現象都難以作出科學的、令人信服的解釋，更不能說明種種複雜而靈活的古代漢語現象。如英語沒有對偶、沒有平仄、沒有駢文、沒有五七言等詩句，當然無法對這些現象進行規律性的論述與總結，於是許多中國的葛郎瑪書也就不把這些作為研究的對象，馬建忠甚至說「排偶聲律之說等之自鄶以下」，這是說不屑研究呢，還是套不上而放棄的遁詞呢？漢語不研究排偶、聲律等還研究什麼呢？又如在漢語中常出現主、

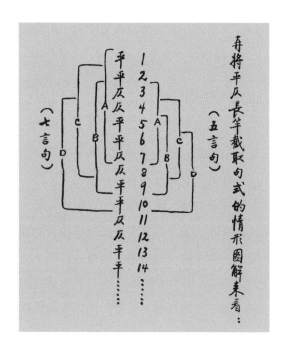

謂、賓成分不全的現象，中國的葛郎瑪派便常以「省略」來分析它，但省略太多也難以服眾。再如漢語的詞用法太活，用英語詞彙的分類法來套，常出現顧此失彼的現象。「如此等等，不一而足。這決非葛郎瑪不好，而是套的方法可議。假如從漢語的現象出發，首先承認漢語自有規律，然後以英語為鑒豈不很好？」但漢語究竟有哪些規律，這也不是我所能定論的，所以我的書才叫「現象」論，我只想通過很多現象來為總結這些規律提供一些材料和借鑒。在分析這些現象的時候我既舉一些常見的例子，也盡力找一些別人意想不到的例子，如在講到漢語詞彙「顛倒」現象非常靈活的時候我以王維的「長河落日圓」為例，這五個字可以顛倒成十個句式，前三種為：「河長日落圓」，「圓日落長河」，「長河圓日落」，這三句雖有藝術性高低之分，但語意上並無差別，句法也都通順。第四種到第九種為：「長日落圓河」，「河圓日落長」，「河日落長圓」，「河日長圓落」，「圓河長日落」，「河長日圓落」。這幾句就不能算通順了，但只要給它們各配上一個

上句，也就是説把它們放在一個特殊的「語境」中，它們仍可以起死回生。就像從前有人作了一句「柳絮飛來片片紅」成了笑柄，但有人給它配上一個「夕陽返照桃花塢」的上句，它也成為妙句一樣。比如我們為「長日落圓河」配上「巨潭懸古瀑」的上句，那麼它也就可以講通了。因為「長日」可以作「整天」「鎮日」講，「古瀑」的「古」字可以作「由來已久」講，「瀑」是落下的水，「潭」是圓的水，所以「古瀑」落在「巨潭」上可以比喻為落在「圓河」中。其他五句也可以配上不同的上句使它通順，讀者如有興趣可以翻閱我這本書。第十種句式「河圓落長日」實在無法給它找到上句。一句五言詩竟能變成十種句式，而且只有一種不通，漢語的靈活性不是太驚人了嗎？對這種靈活的語言怎麼能用生搬硬套的葛郎瑪去分析呢？

在《漢語現象論叢》中我還收了一篇《説八股》的文章。我想現在能寫關於八股文章的人已經不多了。後來張中行和金克木也寫了兩篇，和我的這篇合訂出版。我雖然沒趕上科舉考試，沒正式上考場作八股文，但我的老師陳校長是正經的八股出身，曾在八股文上下過很大工夫，對八股文有很深的研究，自己也寫得一手好八股。我曾向陳校長學過寫八股，交過兩篇作業，陳校長看後説：「你怎麼只寫了六股？」我説：「沒詞了，抻不到八股了。」他又笑着説：「不過在小考——童生考秀才時，作六股也可以了。」我想八股文在歷史上的地位早有公論了，但從文化史和文章史的角度我們還是應該考察一下中國的科舉制度為什麼單單選擇它作為科考的項目？從文章學的角度這裏面有什麼必然性？在明清以前的文章中它具備了怎樣的因子？它又是怎樣逐步發展成程式化的八股？這些問題就不是我們簡單罵幾句八股所能解決的了。後來我又寫了一篇《創造性的新詩子弟書》，論述了清朝子弟書的有關情況，這也是一般人所不太了解的東西。王國維先生曾説「一代有一代之文學」，我覺得把子弟書稱為清代文學的代表形式也不為過。

説起學術著作的寫作，不能不提到一段富有傳奇色彩的經歷。解放後學術批評往往和政治運動攪和在一起，或者説政治運動往往藉學術問題而

發端，學術問題最後上綱為政治問題。比如解放後不久，電影《武訓傳》已開此先例。武訓以乞討為生，把全部所得都用在興辦教育上，這本無可厚非，至多武訓本人仍有封建社會的時代侷限性而已，但在全國範圍內對它變本加厲地進行大批判就不再是對一部電影的評價，而是把它當成政治上的大是大非來對待了。到了六十年代，鑒於廬山會議批判彭德懷右傾路線，彭德懷提出要學海瑞罷官後，上邊又要搞一次大的政治運動，又需要找一個切入口或突破口。經歷過這段歷史的人都知道，最後是選擇了批吳晗的《海瑞罷官》，以致掀起「文化大革命」。但在最初沒最終確定目標前，曾多次在其他題目上試探過，其中之一就是 1965 年發動的對王羲之《蘭亭序》真偽的辯論上。在一般人看來一個小小的《蘭亭序》和政治鬥爭有什麼關係？確實沒任何關係，架不住在掌握意識形態大權人的手裏它就可以上綱為唯物史觀和唯心史觀的大是大非的路線問題。這從再後的批《水滸》就能得到印證。當時掌管意識形態大權的是康生、陳伯達等人，他們還經常拉攏和利用郭老。一次陳伯達得到一本中華書局影印的定武本的《蘭亭序》，後有清代李文田的跋。很多清代的碑帖學家都是尊北碑的，他們認為像龍門造像、龍門二十品那樣的碑刻才是晉代以後的最高水平和主流風格。而北碑都是方筆，刀刻的一般，於是他們認為那時凡是寫得柔軟的都是假的，《蘭亭序》也不例外。再加上《蘭亭序》本有傳說，說唐太宗曾派蕭翼把此帖賺來，然後陪葬了，更證明其他的都是假的。李文田也持這種觀點，他在跋中就以《蘭亭序》不是方筆而是柔筆斷定它是假的。陳伯達把這樣一本《蘭亭序》及跋送給郭老，目的很明顯，就是讓郭老帶頭從這方面做文章，看是否能釣上大魚來。郭老接到這樣的「聖旨」，自然也明白其中的用意，便做起文章。郭老又結合了一些新考證，寫了一篇《由王謝墓誌的出土論到〈蘭亭序〉的真偽》，說南京挖出一些王家的墓碑，上面的字也都是方頭方腦的，因此以柔美見長的《蘭亭序》肯定是假的，不但字是假的，就連文章也是後人篡改的。在這之前我曾寫過一篇《蘭亭帖考》的文章，認為《蘭亭序》是真的（指《蘭亭序帖》原作是王羲之的手筆，

現流傳的都是根據原作摹寫的），並詳詳細細地考證了現在流傳的各種蘭亭版本，在社會上很有影響。文中自然不可避免地也提及李文田等清人的觀點，所以要討論這個問題就須我重新表態。當時郭老住在什剎海，錢杏邨先生（阿英）住在棉花胡同東口，郭老就讓錢杏邨找我談話。

我記得非常清楚，那天是星期五。錢先生把我叫到他家去，我一進門他就神祕兮兮地把我拉到沙發上，用非常鄭重的、真誠的口氣對我說：「我告訴你，我們這次是推心置腹的同志式的談心。你這次必須聽我的，事關重大。」我看他那神情，聽他那口氣，也知道事情的嚴重性，就趕緊問：「您這說了半天，到底是什麼事？」他才說：「你現在必須再寫一篇關於《蘭亭序》的文章，這回你必須說《蘭亭序》是假的，才能過關。」我連忙問：「這是為什麼啊？」他才把事情的背景和郭老託他來找我的前前後後都給我說了一遍，等於是跟我交了底。我聽了暗暗叫苦不迭，心想我原來是不同意隨便說《蘭亭》是假的，一直堅持現存的定武本和唐摹本都是王羲之原作的複製品，這可怎麼轉彎啊？但形勢已經非常明顯，這已不是書法史和學術問題了，而是把學術問題政治化了，而且是「欽點」要我寫文章。從錢先生家回來，我仔細研究了郭老的文章，終於找到一個可以轉身騰挪的棱縫。郭老的文章中有一個明顯的漏洞：他認為王羲之的《蘭亭》應是方筆的，否則是假的，但王羲之流傳下來的作品不僅《蘭亭》一種，如在日本發現的《喪亂帖》，它是唐人根據王羲之真跡勾摹的，也是那種柔美的筆法，這該怎麼解釋呢？郭老只好說《喪亂帖》和北碑體的「二爨」碑《爨寶子》《爨龍顏》「有一脈相通之處」。郭老當時這樣說也許言不由衷，但這明明是不符合事實的，對碑帖稍有涉獵的人都知道這二者截然不同，毫不相干，非要說「一脈相通」那無異於睜着眼睛說瞎話。好，我索性就在這上面做文章，讓明眼人一看就知道我是在言不由衷。我於是寫道：「及至讀了郭沫若同志的文章，說《喪亂帖》和《寶子》《楊陽》等碑有一脈相通之處，使我的理解活潑多了。」抓住這一點，我的思路果然「活潑」多了，四千多字的考辨文章當天就寫好了，題為《〈蘭亭〉的迷信應該破除》。晚

上阿英就派人取走，直接送到郭老家。郭老一看大為高興，第二天（星期六）一大早就把稿子交給光明日報社，第二天（星期天）就見報了，可見它是一篇特稿。

過了幾天郭老去找陳校長，他們二人住得不遠，郭老住在什剎海，陳校長住在輔仁對面的興化寺。郭老一見陳校長就高興地說：「你的學生啟功真好，他說《蘭亭》是假的，很好，很好。」陳校長本來是主張《蘭亭》為真的一派，有的人向他請教應臨什麼帖的時候，他常向人推薦《蘭亭序》，現在也只好微笑着捋着鬍鬚跟着搭訕道：「那是，他是專家嘛！」郭老乘機說道：「你不也寫一篇？」陳校長應付道：「我老了，眼睛不行了，寫不了了，等恢復恢復再說吧。」算是搪塞了過去。過幾天陳校長把我叫去，仍舊捋着鬍子，笑眯眯地對我說：「郭老誇你來着。」我問怎麼回事，他說你問劉乃和。劉乃和就學了一遍，她一邊說，我們一邊大樂。樂完後陳校長又說：「你以後要發表文章一定先給我看，要不然拿出去發表，指不定捅什麼婁子呢？」我連忙答應，但心裏想：這種言不由衷的拍馬屁文章拿給您看，您還不得氣得撅鬍子，能讓我發嗎？現在想起來，我非常得意我的「聰明」，找到了一個既能來個一百八十度大轉彎的藉口，又表明了我這個轉彎完全是言不由衷的違心話，這就是：「自從看了郭老的文章，說『二爨』和《喪亂帖》有一脈相通之處，我的理解就活潑多了。」從此也落下個話把，成為朋友間的笑談，因為明眼人都讀得懂後面的潛台詞。一次我在西單舊書店遇到老朋友金協中，他劃右派後被王震將軍調到新疆，算是保護下來。當時王震把很多右派都調到他的部下，如著名的詩人艾青，艾青後來曾跟我說：「幸虧王震將軍保護了我，要不然我活不到今天。」金協中見了我就打趣地說道：「我的理解活潑多了。」說罷大笑。我對他說：「你還缺德呢，要不是王震將軍，你還能活到今天。」可見大家對這句話的意思都心照不宣。

現在想起來我當時也夠胡說八道的了，但不這樣寫不行。有事實證明，不照着他們的意思確實過不了關。南京有一位叫高二適的人，與章士

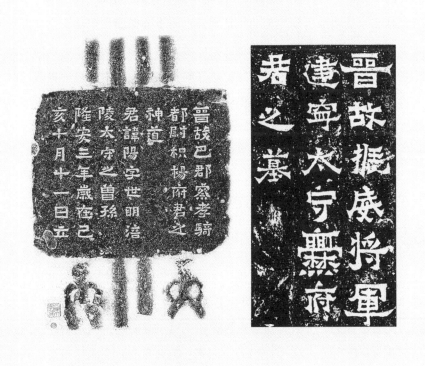

王羲之《喪亂帖》與《寶子帖》《楊陽帖》

釗、林散之是好朋友，他大約不知內情，還把它當成純學術問題，在讀了郭老的文章後，首先寫了一篇抗議文章，大意是說唐太宗為了這幅帖費了那麼大的工夫去把它賺來，怎麼會是假的？他把文章寫好後交給了章士釗先生，章先生又轉給毛主席，但毛沒有表態。幸虧他是通過章士釗這條線上去的，否則貿然登報就不知是什麼後果了。還有更確切的證據，後來有關的文章被編輯成《蘭亭論辨》一書，其中的序果然明確指出贊成不贊成《蘭亭》是真是假是一場唯心史觀和唯物史觀的政治鬥爭。序中說：「（《蘭亭序》真跡說）經歷代帝王重臣的竭力推崇和封建士大夫的大肆宣揚，視作不可侵犯的神物……（郭沫若發表文章後）多數人支持他以辯證唯物主義的批判態度推翻歷代帝王重臣的評定，但也有文章持相反的看法……應當指出，這種爭論反映了唯物史觀和唯心史觀的鬥爭……」論辨集又把同意郭老的十幾篇文章算作「上編」，把持不同意見的三篇算作「下編」，其中就包括高二適和章士釗先生的，批判的指向十分明顯。但後來為什麼沒在這上面做更大的文章呢？可能是因為能參與這一論辨的圈子太小，畢竟只能是書法界有限的人，很難達到由此發動更大規模政治鬥爭的目的。既然失去政治意義，過了一陣也就偃旗息鼓了。後來他們果然找到了更好的目標，那就是《海瑞罷官》，從此點燃了「文化大革命」的「熊熊烈火」。幸虧「蘭亭論辨」半道收場，如果由它鬧下去，我就被捲進革命風暴的漩渦裏，干係就更大，想拔都拔不出來了。這種拿學術討論來釣政治魚的手段實在是知識分子最害怕、最頭疼的做法。後來我在編輯我的文集時堅決刪去了這篇文章。

回顧我所寫的學術文章，有我至今都覺得很得意的，也有個別文章現在看來錯得一塌糊塗的。比如我曾在《詩文聲律論稿》中有一節專談《永明聲律說與律詩的關係》，文章附會了傳統的說法把「四聲」「八病」之說都歸到沈約的身上，後來我仔細查對有關資料，證明這是對沈約的一種誤會，為此我專門寫了一篇《「八病」「四聲」的新探討》文章，澄清了我的錯誤，以謝讀者。後來我又發現我在有關文章中寫的周興嗣次韻《千字文》

的問題也有根本性的錯誤。我是按「次韻」即步原有的詩韻來寫作的傳統觀點理解的，於是費了好大勁去考察南北朝詩文中有哪些次韻的現象。現在我發現《千字文》的次韻只是按不同的韻把這一千個字編排出來而已，這「次韻」的「次」，只是「編次」的意思，與作詩步韻沒有任何關係。我一定要抽時間再寫一篇文章，改正我的錯誤。

回顧我的一生，經歷了很多波折，涉足了不少事業，也取得了一些所謂的成績，但就以一些文章還存在錯誤和不足來看，我真正體會到為什麼說要「活到老，學到老」。我現在九十二歲了，眼睛由於黃斑病變，幾乎失明，字是寫不了了，畫更畫不成了，我常說：「祖師爺不再賞我這碗飯了，這是沒辦法的事。」但我力爭做些力所能及的事。我目前還帶着多名博士生，遇到必須寫的東西，我就用高倍數的放大鏡湊合寫一點，有的就請別人幫我整理。回想一生，感慨良多。「詩言志」，我想就用我詩中的一些談及人生體會的詩句作為這本書的結尾吧：

▲《蘭亭論辨》

▲ 啟功近照

「勞他鶯燕殷勤喚，逝水韶華去不留。」——這是我年輕時的詩句，年輕時代已經是那麼遙遠了。

「易主園林春幾許。」——我一生經歷過很多改朝換代的事情。

「莫問臨芳當日事。」——清朝的滅亡是必然的，我並不留戀它。

「改柯易葉尋常事，要看青青雨後枝。」——改朝換代並不可怕，它正是歷史的動力，新生活總要代替舊生活。

「幼時孤露，中年坎坷，如今漸老，幻想俱拋。」——這是我生活的真實寫照。

「歲月苦蹉跎」，「歷史如長河，人各佔一段，幸者值升平，不幸逢禍亂。」——我九十多年所經歷的這一段既遇到很多暴風雨，也遇到暴風雨後的晴朗。

「絕似食橄欖，回甘歷微苦。詩境與人生，大約全如許。」——回憶這一段生活自然有如打翻五味瓶，充滿了酸甜苦辣各種味道，這並不是什麼壞事，它說明了生活的充實。

「一句最淒然，過去由它吧。」——時代的車輪是不可阻擋的，大浪淘沙是歷史的必然，但在江河流淌中自身出現的逆流和經歷的險灘卻是令人觸目驚心的，它使經歷者在回憶時心有餘悸，在他們的心靈留下深深的創傷。但畢竟過去了，過多地糾纏畢竟無補於事，「放下為快」，還是翻過這淒涼的一頁吧。

「榮枯彈指關何意，寒燠因時罔溯源。」——那些淒然的經歷給人們帶來的榮辱畢竟是短暫的，至於它背後複雜的原因又都是我輩人無法澄清的。

「莫名其妙從前事，聊勝於無現在身。」——那場史無前例的浩劫，確實曾讓人感到人生社會的難以理解，究竟往事如煙還是往事並不如煙，有時讓劫後餘生的人百思不得其解，但好在人們還在頑強地生存着，我還僥倖地活着。

「衰榮有痕付芻狗，寵辱無驚希正鵠。」——古人曾提出要達到真人、至人的境界，我覺得能隨時拋棄榮辱，真正做到寵辱無驚才是人生的最高境界。

「何必牢騷常滿腹」,「自遣有方唯笑樂,人生難得是糊塗」,「多目金剛怒,雙眉彌勒開。餘生幾朝夕,宜樂不宜哀。」——為此人應該有樂觀、達觀的生活態度,鄭板橋所說的「難得糊塗」絕不是苟且的遁詞,人生、社會的很多事本來就是說不清的。

「直如矢,道所履。平如砥,心所企。」「一拳之石取其堅,一勺之水取其淨。」——但做人的方正廉直是必需的。

「學為人師,行為世範。」這是我受北師大委託所題寫的校訓,我自己要身體力行,作出表率。

「停來跂履登山屐,振起灰心對酒歌。」——我確實也灰心過,但在這大好時代,我要重新抖擻精神,為我熱愛的事業繼續奮鬥。

「尚爭一息上竿頭。」——我雖然已經老了,但壯心不已的精神不能鬆懈。

「開門撒手逐風飛,由人頂禮由人罵。」——我紮紮實實地活着,我不在乎別人怎麼看待我,歷史會給我一個公正的評價。

後記

　　早在十多年前，我就想協助啟先生整理一本類似自傳性質的書，但出於種種原因，其中包括啟先生自己感到為難的原因，這一願望始終未能及早實現。但我一直不甘心作罷。後來更多的人也有類似的呼籲，以至政協、文史館、北師大等有關部門都很關心這件事。因為大家都深知這是一份寶貴的財產，啟先生一生的經歷並不是一個「個體」的經歷，它折射了現當代很多歷史的痕跡；如果推及他的家族，還能再現晚清以至近代史的很多片段，他的一生本身就是一部很好的歷史教材。啟先生又不是一個普通意義上的人，他是當代公認的文化名人、國學大師，就總體成就而言，絕不是隨便一個時代隨便就能出現的人才，如能把他的經歷寫出來，哪怕掛一漏萬也是彌足珍貴的。

　　後來，有感於大家的殷切希望，啟先生在九十一歲高齡的時候，改變了初衷，可惜此時目疾嚴重，體弱多病，已不能親自執筆，他便花費大量的時間和精力，為我口述了他的經歷。

　　聽到他講述家族從盛清到晚清以至民國的經歷，我們會深感到清朝的興衰是一種歷史的必然，這種歷史的軌跡可以從一個皇族的家史中得到生動的展現，很多原來只是一些概念性的認識，現在有了重要的實證，更何況還補充了史書上很多缺載的東西，這對了解清史和民國史很有幫助。

聽他講述自己出生後家族的種種不幸，我們會深感到一個家族在失去它的社會基礎後會怎樣地「家敗如山倒」，這不僅是偶然事件的頻發，而且是命運的必然，這也許會使我們從另一種角度來反思一下家和國的關係。

聽到他講述自己辛勤學習和走入社會的過程，我們一方面會被他自強不息、頑強進取的精神所感動；一方面又不能不慶幸他遇到那麼多的恩師、前輩和朋友，從而體會到一個成功者的背後會有多少人的支持，一座高峰的橫空出世，往往要出現在很多的山峰之後。

當我們了解了他在「反右」和「文革」中的種種不幸之後，既會對那段歷史的錯誤進行重新的反思，更能從他達觀的生活態度和開闊的胸襟中汲取人生的智慧，學會在逆境中怎樣積極地生存，變缺憾為完美。

當我們進一步了解到他學藝上方方面面的成就，我們就會更深刻地了解什麼叫名家、巨匠，什麼叫大師、國寶，什麼叫通才、天才，什麼叫「江山代有才人出，各領風騷數百年」。

是的，啟先生的一生並沒有投入到驚天動地的政治鬥爭的最前沿和時代漩渦的最中心，更沒有親身投入過戰火和硝煙，即使劃為右派也只是「莫須有」的闖入，他過的基本上是書齋的生活。他走的只是一個文人所走過的路，但這也是另一種生活，也是豐富的社會生活的一隅，更何況出於他特殊的家庭背景和他特殊的生活經歷，他的書齋生活更為獨特、精彩。從這裏我們可以窺測到近現代很多著名文藝沙龍和著名文人的活動蹤影，這更是其他人很難提供的珍貴資料。

啟先生的身份雖有他的特殊性，但他的人格魅力卻可以代表中國很多知識分子的品格特徵：正直、務實、寬容、謙遜、聰慧、睿智；富於同情心，知恩圖報；富於責任感，忠於事業；富於愛心，會接受別人的愛，也會愛別人；充滿感情色彩，能以性情之心去對待周圍的一切；不乏理性色彩，能以達觀的心態待人處世；有自知之明，能以謙和的態度看待自己的成績。這些美德也能從他的回顧中流露出來，給人以啟迪。

我從 1978 年入北師大中文系讀研究生，畢業後留系工作，到現在追

隨先生左右已有二十五六年的時間了，其中有三次最緊密的接觸，一次是為先生的《論書絕句》一書作注，一次是為《啟功韻語集》作注，再就是為整理此書。每次先生總是不厭其煩地為我反覆地講解，每本書都要花費數十個單元的時間。這次先生的年事更高，但仍不憚勞累，為我講述，我整理後，又都讀給先生聽，進行一些必要的修正，應該說不會有什麼大謬誤。能這樣登堂入室地聆聽先生的教誨，得到很多真傳，真是人生的大幸。可惜我才鈍智愚，並不能把這些所得深入準確地接受和傳達出來，有時還會出現一些不該有的錯誤。如果此書仍出現了這樣的錯誤，皆是由本人整理的疏漏造成，也敬請關切此書的同人加以指導。本書在整理過程中得到一直照料啟先生生活的內姪章景懷先生的大力幫助，並提供了大量珍貴的圖片資料，並藉助侯剛先生《啟功畫傳》的一些圖片，這些圖片和文字共同組成了全書，這一點是必須聲明，並向他們致謝的。

趙仁珪

2004.6

▲ 啟功先生與趙仁珪、章景懷合影

啟功口述歷史

啟功　口述
趙仁珪　章景懷　整理

責任編輯　周文博
裝幀設計　鄭喆儀
排　　版　黎　浪
印　　務　劉漢舉

出版　　開明書店
　　　　香港北角英皇道 499 號北角工業大廈一樓 B
　　　　電話：（852）2137 2338　傳真：（852）2713 8202
　　　　電子郵件：info@chunghwabook.com.hk
　　　　網址：http://www.chunghwabook.com.hk

發行　　香港聯合書刊物流有限公司
　　　　香港新界荃灣德士古道 220-248 號
　　　　荃灣工業中心 16 樓
　　　　電話：（852）2150 2100　傳真：（852）2407 3062
　　　　電子郵件：info@suplogistics.com.hk

印刷　　美雅印刷製本有限公司
　　　　香港觀塘榮業街 6 號海濱工業大廈 4 樓 A 室

版次　　2021 年 11 月初版
　　　　© 2021 開明書店

規格　　16 開（230mm×170mm）

ISBN　　978-962-459-235-1（平裝）
　　　　978-962-459-243-6（精裝）

本書中文繁體字版由北京師範大學出版社（集團）有限公司授權出版，
於港澳台地區發行。